AI·XR 시대
공간 컴퓨팅으로 상상하기
SPATIAL COMPUTING

강청운·박재형·박수지 공저

(주)광문각출판미디어
www.kwangmoonkag.co.kr

서문

끝없는 가능성의 문을 열며

문득, 당신 앞에 끝을 가늠할 수 없는 무한한 공간이 펼쳐져 있다고 상상해 보자. 광활하고도 낯선, 현실에서는 존재할 수 없는 풍경. 그러나 이 상상의 세계가 이제는 생생하게, 손끝으로 닿을 듯 우리 곁으로 다가오고 있다. 공간 컴퓨팅이 열어 주는 새로운 차원의 세상이다. 이곳에서 우리는 현실의 한계를 뛰어넘어 아이디어와 영감을 자유롭게 확장할 수 있게 되었다.

오늘날 디지털 혁신은 기하급수적인 속도로 진화하고 있다. 그러나 그 변화의 중심에는 기술을 상상하고, 그것에 생명을 불어넣는 인간의 창의력이 있다. 기술은 단지 하나의 도구일 뿐이며, 그것을 어떻게 사용하느냐에 따라 우리의 가능성은 무한히 확장될 수 있다.

이 책은 그 확장의 현장을 직접 보여 주기 위해 쓰였다. 단순한 기술 소개에 머무르지 않고, 공간 컴퓨팅이 창작과 학습, 협업의 방식을 어떻게 근본적으로 변화시키고, 개인의 성장에 어떤 날개를 달아 줄 수 있는지를 구체적인 사례와 경험을 통해 전달하고자 한다. 이미 글로벌 기업과 교육기관, 연구소 등 다양한 현장에서 이러한 기술들은 새로운 시너지를 만들어 내고 있다. 그리고 이제 공간 컴퓨팅은 우리의 일상 속으로 들어와 사람과 사람을 연결하며, 또 다른 차원의 가능성을 열어가고 있다.

우리는 지금, 언제 어디서든 가상 공간을 경험할 수 있는 시대의 문턱에 서 있다. 교육 현장이든, 업무 환경이든, 혹은 취미 생활 속에서든 누구나 가상 공간에 접근할 수 있는 여건이 마련되고 있다. 이 책이 공간 컴퓨팅이 지닌 잠재력을 미리 체감하고, 나아가 그것을 자신의 삶과 일에 능동적으로 적용해 보는 출발점이 되기를 바란다.

결국, 기술이 만들어 내는 변화의 중심에는 언제나 '사람'이 있다. 그리고 기술이 가장 빛나는 순간은, 사람의 상상력과 열정이 현실이 되는 그 찰나이다. 바로 그 순간들이 모여, 우리는 더 나은 미래를 만들어 간다. 이제 공간 컴퓨팅이 열어 주는 가상 공간의 무한한 가능성과 그 속에서 피어날 더 큰 혁신을 향해 함께 걸어가 보자.

이 책이 세상의 빛을 보기까지 소중한 손길을 보태 주신 분들께 감사를 전한다. 섬세한 교정으로 도움을 주신 국제사이버대학교 권숙진 교수님, 새로운 시각과 영감을 불어 넣어 준 한영외국어고등학교 강민재 학생에게 감사드린다. 또한 공간 컴퓨팅 기반의 미술 전시 기회를 제공해 주신 엘팩토리 이경태 대표 이사님께도 감사드린다. 특히 이 책이 독자와 만날 수 있도록 세심한 배려와 열정으로 출판을 맡아 주신 광문각 출판사 여러분께 감사드린다.

저자 일동

목차

3장 창의성에서 확장으로: 3D 기술로 창작의 범위 넓히기

4장 확장에서 타인과 연결로: 지식을 확장하고 발표로 연결하기

4.1   공간 컴퓨팅에서 학습하기

5장 삶의 균형을 향해:
   개인의 즐거움과 타인과의 공감

1장

공간 컴퓨팅으로 떠나는 모험

01 공간 컴퓨팅 여행 준비하기

영화 〈레디 플레이어 원〉의 한 장면

공간 컴퓨팅 이야기를 시작하기 전에 이를 다루고 있는 영화 이야기를 먼저 살펴보려고 한다. 우리는 영화를 통해 영감을 얻는다. 영화 〈아바타〉에서는 흥미와 재미를 느끼고, 〈기생충〉에서는 사회적 문제를 접한다. 우리가 이야기할 공간 컴퓨팅도 마찬가지이다. 먼저 공간 컴퓨팅을 이해하기 위해 미래를 그린 SF 영화의 한 장면을 살펴보려고 한다.

스티븐 스필버그 감독의 영화 〈레디 플레이어 원〉은 2045년을 배경으로 한다. 식량 파동과 인터넷 대역폭 문제 등으로 현실 세상은 혼란스럽다. 주인공 웨이드 와츠는 오하이오 콜롬버스 시의 컨테이너 빈민촌 사이를 걸으며 말한다.

"난 웨이드 와츠예요. 슈퍼 히어로로 이름 같다고 아빠가 지어 주셨죠. … 난 지금 좁아터진 이 집에 살아요. 갈 데가 아무 데도 없어요. 오아시스만 빼고는. 오아시스, 가상현실 세계죠. 모든 것이 가능해요. 그래서 다들 거기 살아요. 내 삶이 의미를 찾는 유일한 장소죠."

그가 의미를 찾는 유일한 장소는 가상현실 세계 '오아시스'이다. 오아시스의 개발자는 사망 후 유언 영상을 남겼다. 그 영상에서 오아시스 안에 숨겨진 이스터 에그_{의도적으로 숨겨진 버그나 메시지}를 처음으로 찾는 사람에게 막대한 상금과 오아시스의 운영권을 물려주겠다고 밝혔다.

웨이드와 친구들은 가상공간인 오아시스에서 이스터 에그를 찾아 나선다. 이것을 가로 막으려는 기업은 현실 세계에서도 살인을 서슴지 않는다.

영화 포스터에 적혀 있는 "너의 현실을 받아들여 Accept Your Reality, 아니면 더 나은 것을 위해 싸워 Or Fight for a Better One"라는 문구는 지금 우리에게도 중요한 질문을

던진다. 현실에 머무를 것인지, 아니면 더 나은 미래를 향해 나아갈 것인지는 우리 선택에 달려 있다는 것이다.

이 책에서 다루는 공간 컴퓨팅도 마찬가지이다. 현실에 머무르려면 굳이 이 개념을 알아 둘 필요가 없다. 하지만 영화 속 웨이드처럼 삶의 의미를 찾고자 한다면, 공간 컴퓨팅 세계에 발을 들여놓아야 할 필요가 있다.

영화 〈레디 플레이어 원〉을 보지 못한 독자가 있다면 아래 QR 코드 링크에서 예고편을 볼 수 있다. 이 예고편은 공간 컴퓨팅의 미래를 생생하게 보여 준다.

https://www.youtube.com/watch?v=EjMm-gCcYwk&t=12s
QR코드를 스캔하면 영화 레디 플레이어 원의 예고편 동영상을 시청하실 수 있습니다.

소설 《스노우 크래시》 에피소드

이번에는 영화 〈레디 플레이어 원〉의 배경보다 더 과거인 1992년으로 거슬러 올라가 보자. 이 시기에 발표된 SF 소설에서 지금의 공간 컴퓨팅과 맞닿은 개념이 또 등장하기 때문이다.

미국 작가 닐 스티븐슨 Neal Stephenson 은 소설 《스노우 크래시》에서 메타버스와 아바타라는 단어를 처음 소개했다. 소설 속 가상공간은 현실을 초월한 디지털 공간이다. 주인공 히로는 현실에서는 임대 창고에 살지만, 그 가상공간 안에서는 멋진 집과 뛰어난 기술과 명성을 갖춘 인물로 활약한다.

히로는 고글과 이어폰, 즉 오늘날의 애플 비전 프로나 메타 퀘스트 미래 버전의 헤드셋을 착용하고 디지털로 구현된 세계에 접속한다. 그 안에서 현실에 존재하지 않는 거리나 아이템을 만들 수 있다. 그 속에 있는 여러 기업은 가상공간 세계를 확장하기 위해 각종 허가와 뇌물이 만연하게 한다.

이런 설정은 〈레디 플레이어 원〉에서의 주인공 웨이드의 상황과 유사하다. 그는 오아시스라는 가상공간에서 새로운 정체성과 역량을 발휘한다. 소설과 영화라는 장르는 다르지만 두 작품 모두 오늘날 공간 컴퓨팅 기술 발전에 큰 영감을 주었다.

O2 공간 컴퓨팅 개요

공간 컴퓨팅 개념

사람들은 과거부터 디지털 세계와 현실 세상이 하나로 결합되면 어떨까 하고 꿈꿔 왔다. 한때는 이것을 메타버스라고 불렀다. 이제는 현실 공간에 디지털 정보를 결합 해 더 넓은 가능성을 열어 주는 공간 컴퓨팅이라는 개념으로 진화했다. 공간 컴퓨팅 은 가상현실VR, 증강현실AR, 혼합현실MR 을 모두 포함한다. 물리적 세계와 디지털 세계가 통합된 환경을 지향하고 있다.

가상현실(VR, Virtual Reality)

가상현실VR은 외부 세계를 완전히 차단하고, 디지털로만 구성된 가상 세계를 구현한 다. 이 환경에서 사용자는 현실에서 벗어나 몰입감 높은 3차원 콘텐츠를 경험한다. 현실 과는 완전히 분리된 디지털 세계에서 실제와 같은 3차원 콘텐츠를 경험한다. 단순한 시 청을 넘어 가상공간에서 이동하거나 가상으로 나타나는 사물과 상호 작용할 수 있다.

증강현실(AR, Augmented Reality)

증강현실AR은 현실 위에 디지털 요소를 덧붙이는 기술이다. 대표적인 예가 패스쓰 루Passthrough 기능이다. 사용자는 실제 세상을 보면서 그 위에 디지털 정보나 이미지 를 겹쳐 볼 수 있다. 현실과 디지털 정보가 한 화면에 자연스럽게 보이는 경험을 제공 한다. 고급 승용차에 많이 쓰이는 HUDHead-Up Display를 예로 들 수 있다. 운전자의 시야에 속도, 내비게이션 정보 등 디지털 정보를 도로 위에 겹쳐서 보여 준다.

혼합현실(MR, Mixed Reality)

혼합현실MR은 가상현실과 증강현실을 융합한 기술이다. 이 기술은 가상의 디지털 세계가 현실 세계를 인식한다. 그래서 가상 세계가 물리적인 현실 세계와 결합되어서 동작한다. 이를 위해 현실 공간에 대한 정밀한 사전 스캔이 필요하다. 예를 들어, 메 타의 퍼스트 인카운터에서는 사용자가 방안의 환경을 스캔하면 가상 콘텐츠가 방안의 공간에 자연스럽게 통합된다. 우주선이나 외계인이 실제 집안의 벽과 천장 등의 구조에 맞추어 움직이는 경험을 제공한다. 앞 장 첫 페이지 QR코드 영상 참조

좌: 가상공간의 모습(메타 First contact) 우: 혼합현실에서 제공하는 공간의 모습(메타 First Encounter)

초기에는 가상현실용 기기와 증강현실용 기기가 별도로 개발되었다. 그러나 기술이 점점 통합되고 있다. 공간 컴퓨팅 헤드셋 하나로 가상현실과 증강현실을 모두 구현할 수 있다. 패스쓰루 기능을 활용해 현실을 보면서 그 위에 디지털 정보를 덧씌울 수 있다. 반대로, 외부 세상을 완전히 차단하고 3차원의 가상 디지털 콘텐츠에만 몰입할 수도 있다.

가상현실을 구현하는 소프트웨어는 지속적으로 진화하고 있다. 가상의 환경이지만 실제 현실과 구분이 어려울 만큼 사실적인 경험을 제공하는 데 집중하고 있다. 증강현실과 혼합현실에서도 가상 콘텐츠는 단순히 화면에 겹쳐 보이는 수준을 넘어선 사실감을 추구하고 있다. 이제는 눈앞의 콘텐츠가 진짜인지 가짜인지 혼란스러울 정도로 정교해지고 있다. 이러한 발전은 가상과 현실의 경계를 흐릿하게 만들며, 두 세계가 융합된 세상으로 우리를 이끌고 있다.

구분	가상현실(VR)	증강현실(AR)	혼합현실(MR)
현실 연계	완전한 가상 세계	현실 위에 디지털 요소를 덧붙임	현실과 가상이 융합, 상호 작용 가능
장비	VR 헤드셋, 차세대 헤드셋	스마트폰, 태블릿, AR안경, 차세대 헤드셋	MR 헤드셋, 차세대 헤드셋
예	VR 게임, 가상 투어	포켓몬 Go, AR 내비게이션, 승용차 HUD 디스플레이	가상 헤부 모델, 공장 설비 조작 매뉴얼, 혼합현실 예술

가상현실(VR), 증강현실(AR), 혼합현실(MR) 비교

특히 최근에는 인공지능(AI) 기술이 공간 컴퓨팅과 결합되면서 상호 작용이 한층 정교해졌다. 가상공간 속 사용자가 보고 있는 화면을 AI가 음성으로 무엇인지 설명해 준다. 사용자의 음성을 실시간으로 다른 언어로 통역도 가능하다.

가상공간 속의 아바타는 AI 기술로 사람과 자연스럽게 대화할 수 있게 발전하고 있다. 그뿐만 아니라 가상공간에서 사용자의 성격과 취향을 분석해 맞춤형 서비스를 제공할 수 있다. 예를 들어, AI 강사는 학습자의 수준을 분석해 맞춤형 콘텐츠와 안내를 제공한다. 이러한 기술로 가상공간은 오락을 넘어 실생활과 연결된 실용적 도구가 되고 있다.

공간 컴퓨팅이 부상하게 된 이유

① 대중화 및 다양한 산업으로 확산

가상현실VR, 증강현실AR, 혼합현실MR 기술은 예전에는 특수 산업이나 일부 얼리어답터 게이머들이 주로 사용했다. 이제는 초고속 네트워크와 클라우드 발전 덕분에 대중화되고 있다. 애플 비전 프로와 메타 퀘스트, 그리고 삼성전자와 구글이 협력한 '프로젝트 무한'과 같은 헤드셋의 출시는 공간 컴퓨팅 시장의 급성장을 보여 준다. 디바이스 크기와 무게의 감소, 어지럼증 완화 등 사용자 경험도 개선되고 있다. 이들 공간 컴퓨팅 헤드셋은 엔터테인먼트를 넘어 교육, 의료, 항공 등 다양한 산업으로 확대되고 있다. 글로벌 기업들은 이제 기술 개발뿐 아니라 생태계 구축을 통해 공간 컴퓨팅 시장을 선점하기 위해 경쟁 중이다.

애플 비전 프로와 메타 퀘스트3 (출처: 애플 홈페이지, 메타 홈페이지)

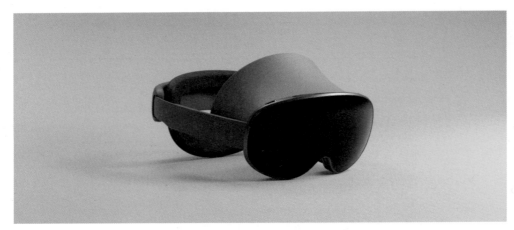

프로젝트 무한 (출처: 삼성전자 홈페이지)

② 온·오프라인이 융합된 새로운 경험 제공

과거에는 온라인 공연과 전시가 실제 공연의 대체 수단으로 여겨졌다. 이제는 오프라인 무대에서도 증강현실AR 효과를 활용한다. 8K 고화질의 실감형 공연도 늘어나고 있다. 온·오프라인이 결합된 행사가 늘고 있는 것이다. 공간 컴퓨팅 헤드셋을 사용하면 무대를 실제 눈앞에서 보는 듯한 입체적인 경험이 가능하다. 여행지에서는 증강현실AR 앱을 켜서 과거 풍경을 재현해 보기도 한다.

AmazeVR은 가상현실 기술을 활용해 아티스트와 팬이 직접 눈을 마주치는 듯한 몰입형 음악 경험을 제공한다. 이를 통해 팬들은 실제 콘서트장보다 더 가까운 거리에서 아티스트의 공연을 즐길 수 있다. 그리스 문화부가 지원하는 AR 앱인 Chronos는 그리스를 방문하는 관광객들이 스마트폰으로 아크로폴리스 유적지를 과거 모습으로 체험할 수 있다. 가상현실 기술은 시공간 제약을 뛰어넘어 문화, 예술, 관광뿐 아니라 다양한 생활 영역에서 활용되고 있다.

AmazeVR의 가상현실 콘서트 (출처: AmazeVR 홈페이지)

Chronos AR 앱 (출처: Petros Giannakouris/AP Photo)

③ MZ 세대의 일상 속 창작과 참여

MZ 세대는 모바일 환경과 SNS에 익숙하다. 이들은 일상과 놀이의 경계를 자연스럽게 허문다. 가상공간에서 아바타를 꾸미고, 직접 게임을 만들어 공유한다. 전 세계 친구들과 소통하고 교류한다. 교육이나 게임에서도 실시간으로 원하는 정보를 찾고 체험한다. AI를 활용해 3D 모델을 편집하고, 개인화된 아바타를 빠르게 생성하고 수정한다.

예를 들어, 로블록스는 AI를 활용해 3D 콘텐츠 제작의 효율성을 높이고 있다. 아바타 자동 설정과 텍스처 생성기 같은 기능을 제공한다. 크리에이터들은 기존보다 훨씬 빠르게 작업을 완성할 수 있다. 이로 인해 창작 과정이 간소화되면서 더 많은 사용자가 3D 콘텐츠 제작에 참여한다. 이러한 적극적인 참여는 높은 충성도와 긴 체류 시간을 만든다. 이는 콘텐츠 산업 전반에 변화를 주고 있다. 그리고 이러한 점이 3D 콘텐츠를 활용하는 공간 컴퓨팅을 보다 활성화시킨다.

가상현실로 로블록스 시현 장면 (출처: RDC 2023, Roblox Developer Conference 2023)

글로벌 가상 융합 산업 시장 전망은 주요 조사기관별 차이는 있으나, 공통적으로 연평균 30%~40%대의 지속적인 성장을 예상하고 있다.[1] 공간 컴퓨팅 헤드셋의 보급

---

1) 소프트웨어정책연구소(SPRi). (2024/12). 국내 가상융합산업의 통계 현황 및 개선 방안

이 확대되고, 디스플레이 기술과 생산 효율성의 개선으로 기기 가격이 점차 낮아지고 있다. 이러한 변화로 공간 컴퓨팅 헤드셋이 일상 속 플랫폼으로 자리 잡게 만들고 있다. AI 기술 발전도 공간 컴퓨팅과의 시너지 요소가 되고 있다. 음성 및 영상 인식, 자연어 처리, 인간과 유사한 아바타, 맞춤형 개인화 콘텐츠는 이미 사용 중이다.

공간 컴퓨팅은 직접 체험하기 전에는 그 가치를 이해하기 어렵다. 이는 자전거를 직접 타 보지 않고 책으로 보는 것과 유사하기 때문이다. 이 책의 저자들은 공간 컴퓨팅 헤드셋을 직접 착용하고, 가상공간에서 소통하며 협업해 책의 내용을 집필했다. 독자 여러분들도 직접 체험하고 능동적으로 시도하는 것이 중요하다. 각 장의 앞에는 QR코드와 연결된 동영상을 첨부했다. 이를 통해 내용을 간접적으로나마 체험해 보길 바란다.

1장
2장
3장
4장
5장

공간 컴퓨팅은 가상공간을 현실처럼 경험하게 한다. 이를 통해 사용자는 가상공간에 실제로 존재하는 것처럼 느낀다. 애플리케이션은 3차원으로 구성된다. 사용자는 1인칭 시점으로 바라본다. 가상공간에 보이는 물체를 직접 만지거나 조작할 수 있다.

현재는 공간 컴퓨팅이 발전 단계에 있다. 그래서 공간 컴퓨팅 애플리케이션 중에는 여전히 2차원 형태로 작동하는 것도 있다. 또한, 공간 컴퓨팅 헤드셋에 설치하지 않는 애플리케이션도 있다. 이들은 컴퓨터와 연동되어야 한다. 공간 컴퓨팅 애플리케이션에는 어떤 형태가 있는지 알아보자.

1. 2D 기반 공간 컴퓨팅 애플리케이션

2D는 2차원을 의미한다. 공간 컴퓨팅 속 가상공간은 3차원이다. 하지만 2D 기반 공간 컴퓨팅 애플리케이션은 현실에서 평면 모니터를 보듯, 가상공간에서도 2D 평면 형태로 나타난다. 예를 들어, 다음 장에서 소개할 미로MIRO 애플리케이션이 그런 사례다.

사용자는 가상공간 속 애플리케이션 화면을 2차원 평면으로 보게 된다. 결국 현실에서 평면 모니터를 보는 것과 차이가 없다. 그렇다면 굳이 헤드셋을 쓰고 가상공간에서 2D 애플리케이션을 사용할 필요가 있을까? 이는 합리적인 의문이다. 이 경우, 현실에서 평면 모니터를 사용하는 것이 더 편리하다.

그러나 가상공간이 유용한 이유도 있다. 예를 들어, 브레인스토밍처럼 주위 환경을 차단하고 집중해야 할 때가 있다. 낯선 공간에서 창의성을 발휘해야 하는 상황에서는 가상공간이 효과적이다.

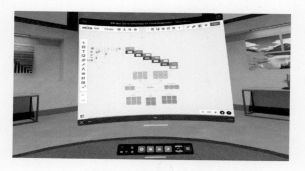

2차원 공간 컴퓨팅 애플리케이션

2. 웹 기반 공간 컴퓨팅 애플리케이션

웹 기반 공간 컴퓨팅 애플리케이션은 엄밀히 공간 컴퓨팅 애플리케이션은 아니다. 최근 크롬과 파이어폭스 같은 인터넷 브라우저는 운영 체제OS만큼 강력해졌다. 덕분에 별도의 애플리케이션을 설치하지 않아도 브라우저만으로 다양한 기능을 사용할 수 있다. 예를 들어, 오피스365, 구글 독스, 노션, 에버노트 같은 애플리케이션은 별도의 설치 없이 브라우저에서 바로 실행된다.

공간 컴퓨팅 헤드셋 안에도 크롬이나 파이어폭스 같은 브라우저가 있다. 따라서 헤드셋 안에서도 컴퓨터처럼 브라우저 기반 애플리케이션을 실행할 수 있다. 사용자는 헤드셋 내 브라우저의 주소창에 원하는 서비스의 URL을 입력하고 로그인하면 된다. 예를 들어, MS 오피스365를 사용하려면 www.office.com을 입력하면 된다. 컴퓨터 브라우저에서 실행되는 애플리케이션은 공간 컴퓨팅 헤드셋의 브라우저에서도 동일하게 동작한다.

하지만 이런 애플리케이션은 2D 기반으로 표시된다. 브라우저 자체가 2D 기반으로 설계되어 있기 때문이다.

헤드셋 내의 브라우저에서 구동되는 노션 애플리케이션

3. 3D 기반 공간 컴퓨팅 애플리케이션

3D 기반 공간 컴퓨팅 애플리케이션은 가상공간에서 자주 사용된다. 이 애플리케이션은 현실과 같은 몰입감과 사실감을 제공한다. 이 애플리케이션에서는 사물, 사람, 글자가 입체적으로 나타난다. 사용자는 1인칭 시점으로 활동할 수 있다.

현실에서 손과 머리의 움직임이 가상공간에 그대로 반영된다. 몸동작을 이용해 가상공간의 사물과 직접 상호 작용할 수 있다. 대부분의 3D 기반 게임이 이 방식을 따른다. 이 책에서 다루는 다양한 경험도 주로 3D 기반 공간 컴퓨팅 애플리케이션 사례들로 구성되어 있다.

퀘스트의 First contact라는 초보자 실습 애플리케이션 사용 모습

4. 웹XR(WebXR) 기반 어플리케이션

3D 기반 공간 컴퓨팅 애플리케이션과 웹XR WebXR 기반 애플리케이션은 사용자 입장에서 큰 차이가 없다. 두 경우 모두 사용자는 애플리케이션 안으로 들어가 1인칭 시점에서 활동하며 3D 콘텐츠를 조작할 수 있기 때문이다.

하지만 두 방식에는 기술적 차이가 있다. 앞서의 3D 기반 공간 컴퓨팅 애플리케이션은 헤드셋에 애플리케이션을 다운로드 후 설치해야만 사용할 수 있다. 반면, 웹XR WebXR 기반 애플리케이션은 별도의 설치가 필요 없다. 헤드셋의 브라우저에서 바로 실행할 수 있기 때문이다. 웹XR WebXR은 웹 브라우저를 통해 가상현실VR과 증강현실AR을 경험할 수 있도록 설계된 기술이다. 이 덕분에 어떤 하드웨어에서도 3D 콘텐츠가 작동하며 즉각적인 배포가 가능하다.

다만, 복잡하고 세부적인 기능을 사용하려면 애플리케이션을 헤드셋에 설치해야 한다. 웹XR만으로는 매우 복잡한 기능은 구현하기 어렵기 때문이다.

WebXR 애플리케이션인 Construct Chess를 하는 장면

5. 스트리밍(Streaming) 기반 공간 컴퓨팅 애플리케이션

스트리밍 기반 공간 컴퓨팅 애플리케이션은 헤드셋에 다운로드하거나 설치가 필요 없다. 대신 애플리케이션은 컴퓨터에 설치된다. 이후 그 내용을 유·무선으로 헤드셋에 실시간 전송한다.

이 애플리케이션은 대부분 3D 기반 소프트웨어로, 전송되는 데이터 용량이 크다. 따라서 고성능 그래픽 카드가 장착된 컴퓨터가 필요하다. 또한, USB 3.0 이상의 케이블이나 고속 무선 네트워크가 필수적이다.

헤드셋에 애플리케이션을 설치할 필요가 없어 헤드셋 저장 용량이 크지 않아도 된다. 중요한 것은 컴퓨터의 그래픽 성능과 무선 인터넷 속도이다. 헤드셋은 컴퓨터로

부터 데이터를 받아 실시간으로 사용자에게 표시한다. 동시에 사용자의 동작을 실시간으로 감지해 컴퓨터로 전송한다.

이 방식은 스팀STEAM 같은 가상공간 소프트웨어 플랫폼에서 활용된다. 스팀은 가상공간 소프트웨어를 판매하고 서비스를 제공하는 플랫폼이다. 스팀은 밸브사가 운영하는 대형 게임 유통 사이트다. STEAM VR을 이용하면 컴퓨터에서 가상공간 애플리케이션을 실행하고 헤드셋으로 체험할 수 있다. 밸브사는 '인덱스'라는 공간 컴퓨팅 헤드셋도 제작해 판매하고 있다.

스트리밍 기반 공간 컴퓨팅 애플리케이션의 대표적인 예로는 구글 어스Google Earth VR이 있다. 이 애플리케이션은 컴퓨터에서 실행되며 HTC 바이브나 메타의 퀘스트 같은 헤드셋에서 사용할 수 있다. 이를 통해 구글 맵과 구글 어스의 세계 지도를 가상공간에서 입체적으로 감상할 수 있다.

구글 어스 VR을 사용해 하늘을 날면서 지도를 살펴보는 모습

2장

창의성의 씨앗:
책 쓰기와 그림 그리기로 창의성의 싹 틔우기

2.1 공간 컴퓨팅에서 책 쓰기

1장
2장
3장
4장
5장

https://www.youtube.com/watch?v=PD-G8tEL66Q&t=5s
QR코드를 스캔하면 내용을 쉽게 이해할 수 있도록 제작된 유튜브 동영상을
시청하실 수 있습니다.

01 책 쓰기와 공간 컴퓨팅

가상공간에서 책 쓰기 가능성

공간 컴퓨팅은 주로 게임이나 입체 영화로 떠올리기 쉽다. 하지만 이 기술은 창작 활동 전반에 걸쳐 새로운 가능성을 열어 준다. 그중 하나가 바로 책 쓰기이다. 책 쓰기는 종이와 펜으로 시작하는 오래된 창작 행위이다. 하지만 공간 컴퓨팅은 아이디어 발굴과 글쓰기 방식에 새로운 변화를 가져온다. 가상현실VR, 증강현실AR, 혼합현실MR, 그리고 AI인공지능 기술이 결합하여 새로운 방식의 창작을 돕는다.

전통적인 책 쓰기 과정은 공간의 제약이 많았다. 책상 위 한정된 공간에 자료를 펼쳐 놓고, 모니터에 워드 프로세서를 띄운 채 번갈아 보며 작업해야 했다.

공간 컴퓨팅 헤드셋을 사용하면 이러한 제약을 극복할 수 있다. 넓은 가상공간에 자료를 자유롭게 배치하고, 음성 명령과 손짓, 시선 추적으로 문서를 조작할 수 있다. AI 비서는 작가의 취향과 문체를 분석해 단어 선택, 문단 구조, 참고 자료 추천까지 실시간으로 지원한다.

이처럼 기술이 발전했지만 책을 쓰는 과정은 여전히 쉽지 않다. 매년 수만 종의 신

간이 쏟아지는 현실 속에서 독자의 눈길을 끄는 책을 만드는 것은 어렵다. 자료 정리, 초안 작성, 방향성 조율, 그리고 교정 및 교열까지 한 권의 책을 완성하는 과정은 험난하다.

전통적인 방식이 어렵다면, 공간 컴퓨팅의 도움을 받아 보는 것은 어떨까? 공간 컴퓨팅 애플리케이션을 사용하면 책 쓰기의 어려움을 줄이고 색다른 경험을 할 수 있다. 참고로, 이 책도 공간 컴퓨팅 애플리케이션을 활용해 집필하였다.

책 쓰기에 활용할 수 있는 공간 컴퓨팅 애플리케이션

책을 쓰는데 정형화된 단계는 없다. 작가마다 접근법이 다르고, 상황과 주제에 따라 방법도 다양하다. 하지만 일반적으로 주제 선정과 준비, 방향 설정, 글쓰기, 방향성 점검, 교정 작업 및 출판의 과정을 거친다.

주제 선정과 준비 (노다) → 방향의 설정 (미로) → 글쓰기 (임머스드) → 방향성 점검 (워크룸) → 교정 및 출판

책 쓰기 단계에서 활용할 수 있는 공간 컴퓨팅 애플리케이션

공간 컴퓨팅은 각 단계에서의 작업을 한결 쉽고 새롭게 만들어 준다. 과거에는 종이 메모나 PC 모니터 속 워드 프로세서에 의존해야 했다. 이제 공간 컴퓨팅 헤드셋을 활용해 광활한 가상공간 안에 참조 자료나 문서, 아이디어를 자유롭게 펼쳐 놓을 수 있다. 여기에 AI인공지능를 결합하여 실시간 번역, 자료 수집 및 요약, 문체 조율 등 지능적인 창작 보조도 기대할 수 있다.

저자가 여러 화면을 공중에 띄워 두고 책을 쓰고 있는 화면

02 주제의 선정과 준비

정보 과잉 시대의 키워드 정리 중요성

책 쓰기는 단순히 글을 써 내는 행위에 그치지 않는다. 주제를 정하고, 이야기 시작점을 고민해야 한다. 특히 주제 선정, 자료의 조사 및 정보 정리는 중요하다.

키워드로 개념을 정리하면 방대한 텍스트에서 핵심을 선별할 수 있다. 키워드 간 연관성도 파악하기 쉬워진다. 과거에는 종이와 포스트잇을 활용했다. 하지만 자료가 많아지면 가독성이 떨어지는 문제가 있었다.

공간 컴퓨팅을 활용하면 방대한 자료를 시각적으로 구조화할 수 있다. 정보 간의 관계를 직관적으로 이해하고, 창작 과정에서 유기적인 사고가 가능해진다.

공간 컴퓨팅을 활용한 키워드 정리

공간 컴퓨팅을 활용한 정보 정리법으로 노다NODA를 사용할 수 있다. 이 애플리케이션은 3차원 마인드맵 기능을 제공한다. 가상공간에서 키워드를 자유롭게 배치하고 그룹화할 수 있다.

전통적으로 엑셀의 필터 기능을 이용해 키워드를 정리했다. 하지만 노다를 활용하면 키워드를 손으로 집어서 직접 이동시키며 정리할 수 있다. 상위 개념은 머리 위로, 세부 개념은 배꼽 아래로 배치하는 식으로 공간을 활용할 수 있다. 개념 간 관계를 한눈에 파악할 수 있다.

공간 컴퓨팅을 활용하면 키워드 정리를 넘어 창의적 사고를 확장할 수 있다. 기존에는 모니터 화면에서 텍스트를 따라가며 생각을 정리했다. 하지만 가상공간에서는 몸을 움직이며 키워드를 조망할 수 있다. 이러한 과정 자체가 두뇌를 자극한다. 특히 키워드를 사이를 날아다니며 하늘에서 내려다보는 경험은 독창적인 인사이트를 제공한다.

가상공간에서 키워드를 공중에 만들고 있는 모습

공간 컴퓨팅에서는 작업에 신체적 움직임이 필요하다. 모니터 앞에서 키보드와 마우스를 사용하는 기존 방식과 달리, 팔을 뻗거나 머리를 움직이며 키워드를 배치해야 한다. 이 과정에서 신체적 피로도가 증가할 수 있다.

이를 보완하기 위해 텔레포팅Teleporting 기능이 제공된다. 핸드 컨트롤러의 조이스틱을 사용하면 원하는 위치로 순간 이동할 수 있다. 불필요한 움직임을 줄이고 작업 부담을 낮출 수 있다.

구분	전통적 정리 방식	공간 컴퓨팅 정리 방식
화면 크기	모니터의 2차원 공간	360도 및 가상공간의 모든 곳
상호 작용	마우스 키보드	손짓, 시선, 걸음, 음성
확장성	텍스트 기반, 2D 화면	3D 오브젝트와 공간
협업	실시간 동시 공유의 제한	원격 아바타 접속/동시 작업

전통적 키워드 정리와 공간 컴퓨팅 정리 방식의 비교

	노다(NODA)	
![noda 로고]	가상현실 3D 마인드맵	
	작동 기기: - Meta Quest - STEAM VR (HTC Vive, Windows MR, Oculus Rift) - HTC VIVE	
회사명: Coding Leap	홈페이지: https://noda.io/	[QR코드]
유료/무료 여부: - Meta Quest의 경우 3개 Space까지 무료, 추가 기능 필요시 유료	주요 기능: - 3D 마인드 맵핑: 손과 음성으로 VR에서 아이디어를 생성하고 공간적으로 배치 - 실시간 협업: 그룹 세션을 통해 동료와 공동 작업 및 아이디어 탐색 지원 - 다양한 템플릿과 환경: 마인드 맵, 스토리보드 등과 몰입형 가상 환경 제공 - AI 음성 지원 - AI 브레인스토밍 자동 생성 - Noda와 Miro 통합으로 VR과 디지털 환경 간 아이디어 쉽게 전환	

■ 앱 실행하고 시작하기

1) ① 을 클릭하여 실행한다.	2) 컨트롤러 ⑧ 버튼을 눌러 메뉴를 호출한다.

■ 메뉴 구성 및 기본 기능 알아보기

1	생성된 Mind Map 저장 및 편집
2	그룹 마인드맵 세션 시작
3	가상공간 환경을 다양하게 변경
4	작업 중 배경 음악 재생
5	작업 중 내장된 웹브라우저를 통해 인터넷 검색 및 조사
6	사용법 안내
7	사용자 환경 설정
8	사용자 계정 정보 관리

■ 키워드를 생성 후 연관성을 맺어 본다.

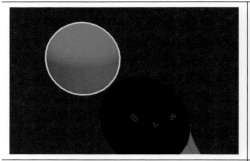

1) 컨트롤러의 트리거 버튼을 누르고 키워드를 말한다. 여기서는 '공간 컴퓨팅'이라고 말한다.

2) 공간 컴퓨팅이라는 키워드가 생성된다.

3) 생성된 키워드 위에서 다시 트리거 버튼을 누르면 키워드를 변경할 수 있는 키보드가 표시된다.

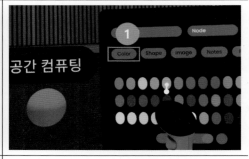

4) ① 'Color'를 클릭하여 키워드 색상을 바꿔본다.

5) ② 'Shape'를 클릭하여 키워드 색상을 바꿔 본다.

6) ③ 'Image'를 클릭하여 키워드를 원하는 이미 지로 바꿔 본다.

7) 앞서와 같은 방법으로 키워드 2개를 생성한다.

8) 생성된 키보드 위에서 트리거 버튼을 계속 누르면 키워드 간의 상호 연관성을 나타내는 라인이 연결된다.

■ AI 기능을 활용한 마인드맵 자동 생성

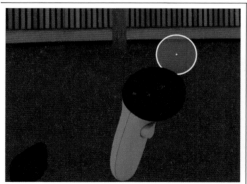

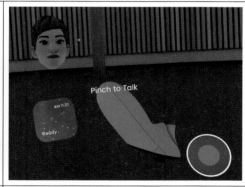

1) 왼손을 오른쪽 아래로 꺾는다.

2) AI 비서가 나타난다. 트리거 버튼을 누르고 원하는 키워드를 음성으로 말한다. (예를 들어, '공간 컴퓨팅'이라고 말한다.)

3) 공간 컴퓨팅을 중심으로 한 키워드와 이미지가 자동으로 생성된다.	4) 다시 한번 AI 비서에 보다 상세한 내용을 나타내 달라고 말한다.

5) 자동으로 관련된 키워드를 추가 생성한다.	6) 생성된 키워드 위에서 트리거 버튼을 누르고 ❶ 'Notes' 버튼을 누르면 함께 생성된 노트도 볼 수 있다. 노트에는 키워드와 관련된 정보들이 담겨 있다.

■ 노다(NODA)를 활용한 저자들의 키워드 작업 예시:

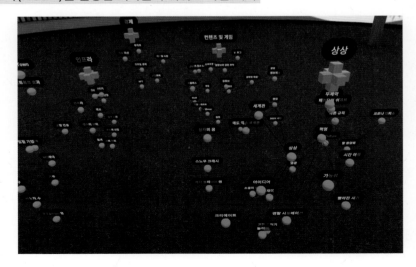

03 방향 설정과 브레인스토밍

기획서의 준비

책의 주제가 정해지면 기획서를 작성해야 한다. 이는 책의 성공을 좌우하는 중요한 단계다. 기획서를 작성하기 전에 몇 가지 질문이 필요하다. 왜 이 책을 쓰는가? 어떤 가치를 전달할 것인가? 잠재 독자는 누구이며, 그들의 관심과 필요는 무엇인가? 또한, 이미 출간된 유사 도서를 분석하는 것도 필요하다. 내 책이 어떻게 다른지, 어떤 경쟁력이 있는지 명확히 해야 한다.

책을 쓰는 목적은 단순한 글쓰기가 아니다. 독자들에게 읽히고, 공감을 얻으며, 영향을 주는 것이 목표다. 이를 위해 기획서에서 주제, 독자 타깃, 차별성, 마케팅 전략을 점검해야 한다.

공간 컴퓨팅에서 브레인스토밍해 보기

기획서를 작성할 때 적절한 아이디어가 떠오르지 않을 수 있다. 복잡한 생각을 시각적으로 정리해야 할 때도 있다. 이럴 때 공간 컴퓨팅은 좋은 도구가 된다.

예를 들어, 미로MIRO 같은 협업 애플리케이션을 활용하면 브레인스토밍과 아이디어 정리가 쉬워진다. 미로는 다양한 협업 도구를 제공한다. 칸반 보드부터 업무 생산성 템플릿까지 활용할 수 있다. 시각화에 강점이 있어 복잡한 내용을 쉽게 정리할 수 있다.

미로는 처음에 PC용 애플리케이션으로 출시되었다. 이후 스마트폰에서도 사용할 수 있게 되어 휴대성이 높아졌다. 최근에는 공간 컴퓨팅 헤드셋에서도 동작하며, 가상공간에서도 활용할 수 있다.

현실에서 브레인스토밍을 할 때는 포스트잇, 메모지, 여러 색상의 펜, 화이트보드를 사용한다. 미로는 이러한 과정을 온라인과 가상공간에서 동일하게 구현한다. 화살표 등 시각적 요소를 활용해 온라인 화이트보드에 아이디어를 자유롭게 정리할 수 있다. 이러한 기능은 복잡한 생각을 체계적으로 정리하는 데 도움을 준다.

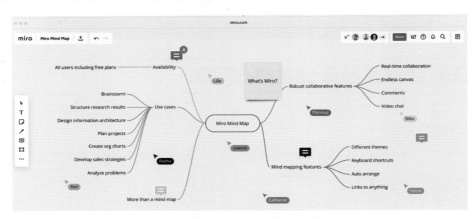

미로 마인드 매핑 탬플릿 (출처: 미로)

공간 컴퓨팅과 창의적 사고

사람이 아무것도 하지 않을 때도 뇌는 활발하게 작동한다. 이는 뇌 속의 디폴트 모드 네트워크Default Mode Network, DMN[2]의 활성화 때문이다. 미국 워싱턴대학의 신경과학자 마커스 레이클Marcus Raichle이 이 개념을 발견했다.

연구에 따르면 사람이 집중해서 작업할 때 특정 두뇌 부위는 쉬지만, 반대로 휴식 중에는 오히려 활발히 작동한다. 이 과정에서 창의적 사고를 촉진한다. 멍하니 하늘을 바라보거나 산책을 할 때, 혹은 낯선 장소를 여행할 때 사고의 유연성이 증가한다. 익숙한 환경에서는 반복된 사고 패턴이 유지된다. 하지만 새로운 환경에서는 두뇌가 주변을 탐색하며 다양한 연결을 시도한다.

---

2) Raichle, M. E. (2015). The brain's default mode network. Annual Review of Neuroscience, 38(1), 433–447. https://doi.org/10.1146/annurev-neuro-071013-014030

공간 컴퓨팅 기술은 새로운 환경을 인위적으로 만들어 낼 수 있다. 현실에서 경험하기 어려운 우주 정거장, 달 표면, 미래 도시 등 낯선 공간을 만들어 낸다. 이는 디폴트 모드 네트워크를 자극하여 창의적 사고를 활성화시킨다.

예를 들어, 공간 컴퓨팅 헤드셋을 착용하고, 가상으로 생성된 낯선 공간에 들어갈 수 있다. 이때 미로Miro 같은 협업 도구를 활용하면 마치 우주 정거장에서 작업하는 듯한 경험을 할 수 있다. 이 과정에서 "미래에는 실제로 이런 환경에서 사람들이 살아갈 수도 있겠지?" 혹은 "우주에서 바라본 지구의 모습이 경이롭다" 같은 새로운 상념이 자연스럽게 떠오른다. 이러한 환경 변화는 아이디어가 정체된 순간에 돌파구를 찾는 데 도움을 준다.

1장
2장
3장
4장
5장

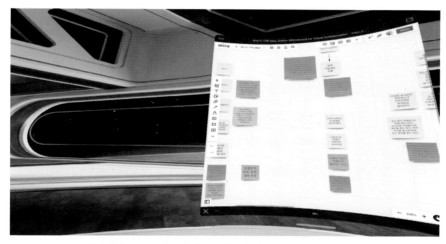

저자가 우주 정거장에서 미로를 사용하여 브레인스토밍하는 모습

공간 컴퓨팅과 협업 도구의 결합

공간 컴퓨팅 기술은 아이디어 발상뿐 아니라 실제 작업에도 강력한 도구가 된다.

미로Miro 같은 협업 도구는 기기와 환경에 구애받지 않는 유연한 작업 흐름을 제공한다. 가상공간에서 브레인스토밍한 아이디어를 정리하고 클라우드에 저장할 수 있다. 이후 PC나 스마트폰에서 동일한 데이터를 불러와 편집할 수 있다. 반대로도 가능하다. 이를 통해 아이디어와 작업이 끊김이 없이 진행된다.

공간 컴퓨팅 헤드셋에는 구글 크롬이 지원되는 브라우저가 내장되어 있다. 독립적인 컴퓨터처럼 작동한다. 따라서 구글 문서, 슬랙, 미로 같은 클라우드 기반 웹 애플리케이션을 헤드셋에서도 그대로 사용할 수 있다.

	미로(MIRO)	
	AI 기반 통합 협업 플랫폼	
	작동 기기: - Meta Quest - PC - iOS or Android	
회사명: MIRO	홈페이지: https://miro.com/ko/ ※ 위 주소로 접속하면 PC에서도 사용이 가능하다.	[QR코드]
유료/무료 여부: 3개 보드까지는 무료	주요 기능: - 온라인 화이트보드: 실시간 아이디어 시각화 및 팀원 협업을 위한 캔버스 제공 - 프로젝트 관리 도구: Kanban 보드, 마인드맵, 플로우차트를 통한 작업 시각화 및 추적 - 실시간 협업: 화상 회의, 채팅, 댓글 기능으로 원활한 팀 소통 지원 - 사용자가 보드에 작성한 아이디어 바탕으로 문서, 다이어그램, 이미지 생성 - AI 전문가 비서로 실시간 조언 - 브레인스토밍 내용을 AI가 문서로 자동 변환 - Noda와 Miro 통합으로 VR과 디지털 환경 간 아이디어 쉽게 전환	

■ 앱을 실행하고 시작한다.

1) ❶을 클릭하여 실행한다.	2) MIRO에 로그인한다.

3) MIRO의 초기 화면으로 진입한다.	4) WORKSPACE를 새로 만들어 작업을 시작한다.

■ WORKSPACE 좌측 툴바 구성 및 기본 기능 알아보기

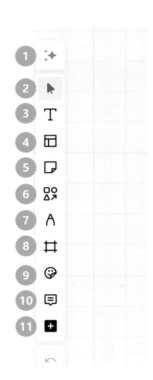

1	AI로 만들기: AI활용한 아이디어/콘텐츠 제안
2	선택: 보드 내 객체 선택하고 조작
3	텍스트: 텍스트 상자 추가하여 문구나 설명 입력
4	템플릿: 사전 템플릿 활용한 작업
5	스티커 메모: 디지털 포스트잇
6	도형 및 선: 도형과 선을 이용하여 다이어그램 작성
7	자유롭게 그리기: 손으로 직접 그리기
8	프레임: 특정 영역을 프레임으로 묶어 그룹을 잡기
9	스티커 및 이모티콘: 보드에 감정을 이모티콘으로 표현
10	댓글: 팀원들과 댓글로 소통 및 피드백
11	툴, 미디어, 통합: 외부 미디어 삽입, 다른 도구 통합 등

■ 브레인스토밍을 한다.

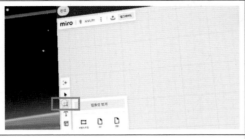	
1) 툴바의 프레임 버튼을 눌러 프레임을 생성한다.	2) 생성된 프레임을 적당한 위치에 배치한다.
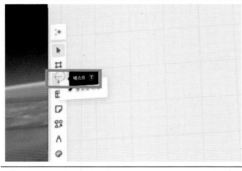	
3) 툴바의 텍스트 버튼을 눌러 브레인스토밍 주제를 적을 텍스트 상자를 생성한다.	4) 브레인스토밍 주제를 적는다.

5) 프레임의 적당한 위치로 텍스트를 배치시킨다. (선택 버튼을 누르고 텍스트 박스 상단을 누른 상태에서 이동시킨다.)	6) 툴바의 스티커 메모 버튼을 클릭하여 스티커 메모를 생성 후 아이디어를 적는다.

	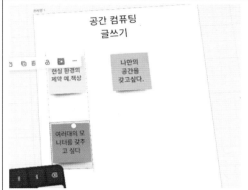
7) 생성된 스티커 메모를 프레임의 적당한 위치에 배치한다.	8) 다양한 아이디어를 생성하여 프레임의 적당한 위치에 배치한다.
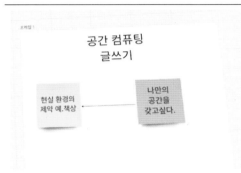	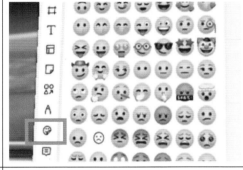
9) 관련 있는 주제끼리 연관선을 이어 본다.	10) 스티커 및 이모티콘 버튼을 눌러 원하는 이모티콘을 찾는다.
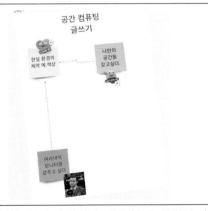	
11) 원하는 곳에 스티커나 이모티콘을 붙여서 시각화한다.	12) 완성한다.

※ 공간 컴퓨팅의 MIRO에서 단위 작업(예, 스티키 노트 작성 등)을 시작하거나 완료할 때 선택 ▶ 버튼을 항상 클릭해 주어야 원활하게 작업할 수 있다.

■ PC의 MIRO와 연동해 보기

	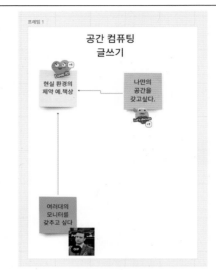
1) PC에서 브라우저를 열고 MIRO 사이트에 접속한다.	2) 공간 컴퓨팅 헤드셋에서 작업한 WORKSPACE를 연다.
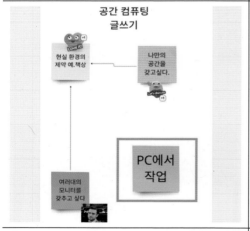	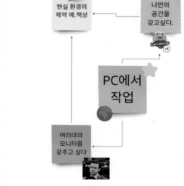
3) PC에서도 동일하게 아이디어를 추가해 본다.	4) PC에서도 다양한 편집 작업을 해 본다.

■ 스마트폰의 MIRO와 연동해 보기

	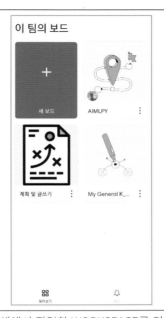
1) 스마트폰의 MIRO앱을 클릭하여 실행한다.	2) 헤드셋에서 작업한 WORKSPACE를 연다
	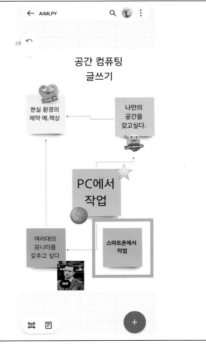
3) 스마트폰에서 작성된 내용을 조회해 본다.	4) 스마트폰에서 편집 작업을 해 본다.

■ 미로(MIRO)를 활용한 저자들의 브레인스토밍 작업 예시

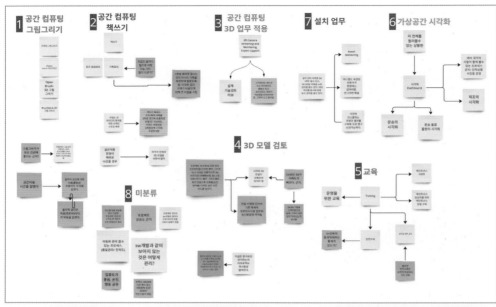

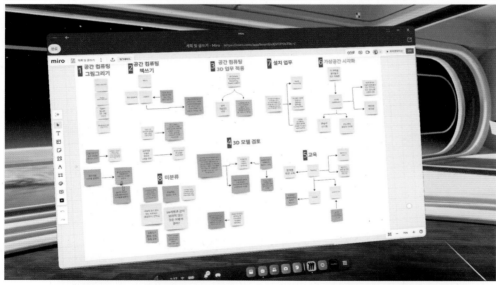

04 자신만의 글쓰기 공간 확보

집중력 높이는 최적의 공간 찾기

쓰려는 책의 기획이 완료되었다면 본격적으로 글을 쓸 차례이다. 그러나 글쓰기에 몰입하는 것은 생각처럼 쉽지 않다. 유명 작가들도 자신만의 글쓰기 환경을 찾기 위해 많은 노력해 왔다.

미국 소설가 어니스트 헤밍웨이는 주로 카페에서 글을 썼다. 당시 20세기 초의 카페는 난방이 잘 되어 있었다. 또한, 주변의 적당한 소음이 헤밍웨이에게는 이상적인 글쓰기 환경이었다고 한다.

오늘날에도 많은 사람이 카페에서 글을 쓴다. 카페의 소음이 적당한 화이트 노이즈 역할을 해 준다. 지나치게 시끄럽지 않다면 집중력을 높이는 데 도움을 줄 수 있다. 하지만 모든 사람이 카페에서 편하게 글을 쓸 수 있는 것은 아니다.

집에서는 가족, 반려동물, 생활 소음이 방해가 될 수 있다. 이런 경우에는 더 적합한 장소를 찾아야 한다. 하지만 현실적으로 언제나 적합한 장소를 찾는 것은 쉽지 않다.

공간 컴퓨팅이 제공하는 나만의 글쓰기 공간

집중이 필요한 순간, 주변의 소음과 어수선한 환경은 깊은 사고를 방해한다. 제한된 작업 공간도 글쓰기에 몰입하는 데 걸림돌이 된다.

공간 컴퓨팅을 활용하면 몰입할 수 있는 새로운 글쓰기 환경을 만들 수 있다. 공간 컴퓨팅 헤드셋을 착용하는 순간, 방안이나 거실의 풍경은 싹 사라진다. 대신 조용한 호숫가, 우주 정거장 창밖 같은 풍경이 펼쳐진다. 시각과 청각 정보가 바뀌면서 두뇌는 새로운 공간을 현실처럼 받아들인다. 백색소음, 잔잔한 음악, 자연의 소리를 설정하면 글쓰기에 최적화된 환경이 완성된다. 그 결과 집중력은 자연스럽게 높아진다.

이러한 글쓰기 환경의 가장 큰 장점은 공간의 제약이 없다는 것이다. 현실에서는 모니터의 크기나 개수에 제한이 있다. 하지만 가상공간에서는 필요한 만큼 허공에 스크린을 배치할 수 있다.

또한, 공간 컴퓨팅 헤드셋은 컴퓨터의 모든 프로그램을 가상공간에 스트리밍할 수 있다. 이를 통해 컴퓨터에서 사용하던 워드 프로세서, 이미지 편집기, 클라우드 협업 도구 등을 가상공간에서 그대로 사용할 수 있다.

저자가 패스쓰루로 실제 사물을 보는 것과 가상공간에서 보는 모습의 비교 (좌: 패스쓰루, 우: 가상공간)

스트리밍 기능을 활용하려면 임머스드Immersed 같은 애플리케이션을 사용해야 한다. 이 앱은 테크스타즈Techstars에서 개발한 가상공간 애플리케이션이다. 컴퓨터 화면을 공간 컴퓨팅 헤드셋으로 그대로 스트리밍하는 기능을 제공한다.

또한, 책상 위의 마우스와 키보드도 문제없이 사용할 수 있다. 이는 패스쓰루Pass-Through 기능 덕분이다. 패스쓰루 기능은 헤드셋 외부의 카메라를 활용한다. 이 카메라는 실제 마우스와 키보드를 촬영한 후 가상공간에 그대로 투영한다. 그래서 사용자는 가상공간에서도 실제 키보드를 보며 타이핑할 수 있다.

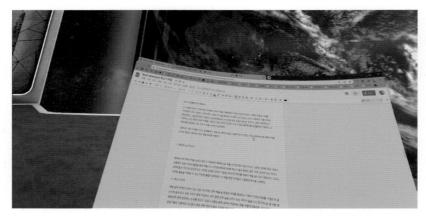

저자가 임머스드에서 실제 글을 쓰고 있는 모습

임머스드Immersed는 여러 사람과의 협업을 위해 만들어졌다. 이메일 주소를 입력하면 간단히 사람들을 초대할 수 있다. 초대받은 사람은 이메일로 받은 초대 링크를 눌러 초대자의 가상공간에 접속할 수 있다. 다만, 초대받는 사람도 임머스드를 자신의 헤드셋에 미리 설치해 두어야 한다.

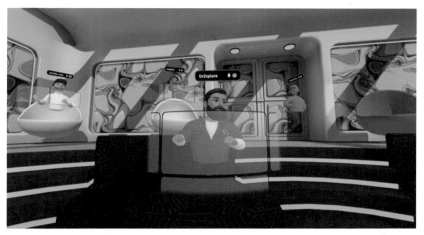

가상공간에서 여러 사람이 함께 작업하는 모습 (출처: 임머스드)

실습하기 - 가상공간의 나만의 글쓰기 공간: 임머스드(IMMERSED)

	임머스드(IMMERSED)
	가상공간 다중 모니터 업무 환경
	작동 기기: - Apple Vision Pro - Visor - Meta Quest

회사명: Immersed	홈페이지: https://immersed.com/	[QR코드]

유료/무료 여부:	주요 기능:	
- Starter 모드는 무료 - 모니터 화면을 4개 이상 띄우며 보다 높은 해상도는 유료	- PC 화면 전송 - 여러 대의 모니터 띄우기 - 원격 회의 및 협업 ※ PC Desktop에 Agent 별도 설치 필요	

■ 앱을 실행하고 시작한다.

1) 임머스드 홈페이지에 가서 먼저 'Immersed Desktop Agent'를 PC에 다운로드하고 설치한다.	2) PC에 설치한 Agent를 실행한 후 ID를 입력하고 헤드셋의 페어링 코드를 입력하여 PC와 헤드셋 간 연결을 완료한다.
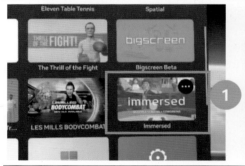	
3) 헤드셋에서 ①을 클릭하여 실행한다.	4) 헤드셋 메뉴의 ②를 클릭하면 PC의 Agent와 연동되어 PC의 화면을 헤드셋에 띄운다. (단, PC와 헤드셋이 같은 네트워크에 있어야 한다.)

■ 메뉴 구성 및 기본 기능 알아보기

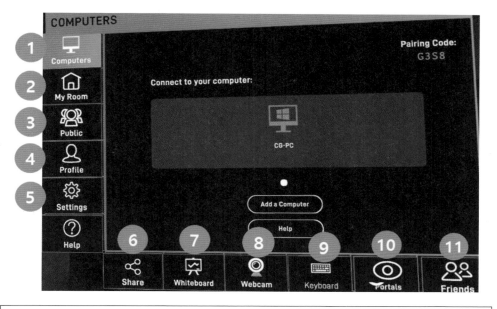

1	사용자의 PC에 연결하여 최대 5대의 가상 모니터를 생성
2	개인 작업 공간으로 집중할 수 있는 환경 제공
3	공용 공간에서 다른 사용자와 협업할 수 있는 기능 제공
4	사용자 계정 정보와 설정을 관리
5	Immersed의 환경 설정
6	다른 사용자와 화면을 공유
7	가상 화이트보드를 통해 아이디어 브레인스토밍
8	가상 웹캠으로 화상 회의나 프레젠테이션시 자신의 아바타 모습 공유
9	가상 키보드를 사용하여 텍스트 입력 기능
10	가상공간의 일부분만 현실 세계의 모습을 보여줌 (예: 마우스, 키보드 위치 등)
11	다른 사용자와 친구 연결

■ 여러 대의 모니터 연결하기

1) PC와 연결되면 1대의 기본 모니터가 생성된다.

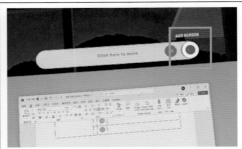

2) 추가 모니터를 원하면 기본 모니터 상단 위에 'ADD SCREEN'을 클릭하면 된다.

3) 디스플레이 추가 여부 질문에 'Confirm'을 클릭하면 된다.

4) 모니터가 추가로 생성된다. 앞서와 동일한 방법으로 추가로 모니터를 생성하면 된다.

5) 무료 버전은 모니터가 3대까지 생성되며 유료 버전은 5대까지 생성된다.

■ 작업 공간 바꿔 보기

1) 메뉴의 'My Room'을 클릭하면 다양한 작업 공간을 선택할 수 있다.

2) 고층 건물의 사무실 환경을 선택한 예제이다.

3) 우주선 환경을 선택한 예제이다.

4) 산속 눈 내리는 산장의 환경을 선택한 예제이다.

5) 운치 있는 카페를 선택한 예제이다.

6) 패스쓰루 기능을 활용해 자신의 방 안에 가상 디스플레이를 띄운 예제이다.

■ META QUEST 기본 환경 사용하기

Immersed와 같은 추가 앱을 설치하지 않아도 Meta Quest는 자체 기능만으로 PC와 연결할 수 있다.

	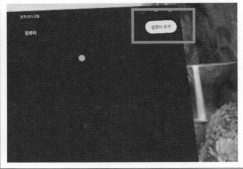
1) 헤드셋에서 **1**을 클릭하여 원격 데스크톱을 실행한다.	2) 신규로 PC를 등록하는 경우 컴퓨터 추가 버튼을 누른다.(단, PC와 헤드셋이 같은 네트워크에 있어야 한다.)
	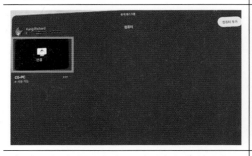
3) 연결할 PC가 Window PC인지, MacOS인지 선택한다.	4) 화면에 보이는 QR코드를 스캔하여 PC와 헤드셋을 페어링한다.
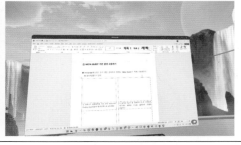	
5) 헤드셋 내에 생성된 PC와의 '연결' 버튼을 클릭한다.	6) PC와 연결되면 1대의 기본 모니터가 생성된다.

| 7) 우측 하단의 디스플레이를 추가 버튼을 누르면 디스플레이를 추가할 수 있다. | 8) 최대 3대까지 디스플레이를 추가할 수 있다. |

■ 작업 공간 바꿔 보기

| 1) 헤드셋에 기본으로 내장된 환경 설정 메뉴의 '가상환경' 버튼을 클릭한다. | 2) 헤드셋에 기본으로 내장된 가상환경을 클릭한다. |

| 3) 광활한 자연의 산속을 선택한 예제이다. | 4) 북극 어느 마을의 광장 환경을 선택한 예제이다. |

| 5) 우주 정거장 환경을 선택한 예제이다. | 6) 스키장 환경을 선택한 예제이다. |

05 여러 사람과 공동 작업

공간 컴퓨팅으로 협업

책을 쓰다 보면 중간에 방향성을 점검해야 한다. 작성한 내용이 기획 의도에 맞는지 확인하는 과정이 필요하다. 특히 공동 저자가 여러 명이라면 의견을 나누고 흐름을 정리하는 작업이 필요하다.

이런 과정은 공간 컴퓨팅 환경에서 효율적으로 진행할 수 있다. 협업용 애플리케이션을 활용하면 지리적으로 떨어져 있는 작가들도 가상공간에서 한자리에 모일 수 있다. 스페이셜Spatial이나 메타의 워크룸Meta Workrooms 같은 애플리케이션을 사용하면 공동 저자들이 직접 만나지 않아도 된다.

그렇다면 기존의 화상회의 애플리케이션(예: 줌Zoom, MS 팀즈MS Teams)과 공간 컴퓨팅 기반 협업 환경은 어떤 차이가 있을까?

화상회의가 주는 부담감

코로나19 대유행 시기에는 재택근무가 널리 확산되었다. 이로 인해 줌이나 MS팀즈 같은 화상회의 애플리케이션이 큰 인기를 끌었다. 이런 애플리케이션은 화면 공유로 문서를 함께 보고, 얼굴을 보며 대화한다. 하지만 시간이 지날수록 화상회의 방식의 단점도 드러났다.

일단 참가자가 많아지면 화면이 복잡해진다. 참석자들의 영상이 바둑판처럼 배열되면서 난잡하게 보인다. 해상도와 카메라 각도 차이로 일관성이 없는 화면 구성이 문제가 된다. 어떤 사람은 얼굴만 크게 보이고, 어떤 사람은 상반신 전체가 나온다. 이런 모습은 시선을 어디에 둬야 할지 혼란스럽게 만든다.

화상회의에서는 의도치 않은 카메라 노출 문제도 발생한다. 방 배경도 신경 써야 하고, 아이나 애완동물이 갑자기 등장해 당황스러운 상황이 생긴다. 카메라를 켜야 할지 말아야 할지에 대한 논란도 있다. 이런 고민은 심리적 부담을 키운다. '줌 피로Zoom fatigue[3]'라는 신조어가 나올 정도로 화상회의는 많은 사람에게 스트레스를 준다.

---

3) Webb, M. (2021). Zoom fatigue and how to prevent it. Journal of Registry Management, 48(4), 181–182. https://doi.org/PMCID: PMC10198405

아바타로 시도하는 새로운 협업 환경

화상회의에서 자신의 모습을 직접 공개하는 것이 부담스러운 경우가 많다. 이를 해결하기 위해 아바타나 AI 휴먼을 활용한 회의가 늘어나고 있다.

AI 휴먼 기술은 이미 뉴스 아나운서나 광고 모델로 활용될 정도로 발전했다. 공간 컴퓨팅 기반 회의에도 적용되면서 더욱 실감 나는 협업이 가능해지고 있다.

AI 기술을 활용하면 헤드셋이 사용자의 얼굴 움직임을 추적할 수 있다. 눈 깜박임, 표정 변화, 손짓까지 아바타에 실시간으로 반영된다. 덕분에 기존 화상회의보다 심리적으로 편안한 환경이 조성된다. 카메라를 켜야 한다는 부담이 없고, 배경이 노출될 걱정도 줄어든다.

메타의 워크룸Meta Workrooms에서는 모든 참석자가 아바타로 등장한다. 헤드셋의 센서가 사용자의 손동작과 머리 움직임을 추적한다. 핸드 컨트롤러를 이용하면 손의 위치도 정밀하게 표현된다. 다리는 직접 추적하기 어려운 만큼 AI가 사용자의 자세를 예측해 자연스럽게 구현한다.

이러한 가상회의 환경의 가장 큰 장점은 비언어적 의사소통이 가능하다는 것이다. 손짓과 머리 움직임이 자연스럽게 표현되면서 기존 화상회의보다 실제 회의와 유사한 경험을 제공한다.

또한, 워크룸에서는 가상의 책상 위에 모니터를 띄우고 문서를 편집할 수 있다. 패스쓰루 기능을 활용하면 실제 책상을 보면서 타이핑이 가능하다. PC 화면을 가상 모니터에 스트리밍해 회의 자료로 활용할 수도 있다.

헤드셋이 없는 참가자도 브라우저를 통해 회의에 접속할 수 있다. 카메라를 켠 사용자는 가상 모니터 안에서 얼굴이 보이게 된다.

실제 컴퓨터의 화면을 가상 환경 컴퓨터 화면에 스트리밍해서 보는 모습

가상공간에서의 공동 저자 환경

공동 저자들은 가상공간에 원고를 띄워 놓고 기획 방향을 점검할 수 있다. 통일되지 않은 용어나 개념을 정리하는 작업도 원격으로 쉽게 진행할 수 있다. 화이트보드를 활용하면 아이디어를 정리하고, 토론하는 과정이 더 직관적이다.

공간 컴퓨팅은 여러 사람이 함께 작업할 때 더욱 효과적이다. 서로 다른 지역이나 국가에 있는 공동 저자들이 같은 가상공간에 모일 수 있다. PC 화면을 공유하면서 동시에 작업을 조율할 수 있다. 원격 환경에서도 동일한 공간에 있는 것처럼 자연스럽게 공동 집필이 가능해진다.

기술적 한계와 발전 가능성

공간 컴퓨팅 기반 회의는 기존 화상회의보다 몰입감이 높다. 하지만 몇 가지 기술적 한계도 존재한다. 대표적인 문제는 음성 충돌 현상이다.

현실에서는 여러 사람이 동시에 대화해도 비교적 자연스럽다. 하지만 화상회의에서는 음성이 겹치면 대화가 원활하지 않다. 이는 기존 화상회의의 단점이기도 하며, 공간 컴퓨팅에서도 개선이 필요한 부분이다.

과거 핸드폰 초기 모델도 유사한 문제를 겪었다. 한 사람이 말하는 동안 상대방은 기다려야 했다. 마치 무전기처럼 한 번에 한 사람만 말할 수 있는 방식이었다. 하지만 지금의 핸드폰은 동시에 말하고 들을 수 있어 자연스러운 대화가 가능하다. 공간 컴퓨팅 회의도 오디오 기술이 발전하면 이러한 문제를 해결할 수 있을 것이다.

현재 공간 컴퓨팅 헤드셋 협업, 교육, 디자인 등 다양한 분야로 빠르게 확장되는 중이다. 글로벌 시장 조사기관들은 2028년까지 공간 컴퓨팅 헤드셋 출하량이 2,000만 대를 넘을 것으로 예상한다. 연평균 성장률CAGR도 30% 이상으로 전망된다.[4]

이러한 추세가 계속된다면 공간 컴퓨팅 기반 회의가 더 선호되는 시대가 곧 도래할 것이다.

실습하기 - 아바타로 회의하기: 워크룸(HORIZON WORKROOM)

	워크룸(HORIZON WORKROOM)	
	가상현실 사무 공간	
	작동 기기: - Meta Quest - PC (WorkRoom & Zoom)	
회사명: Meta	홈페이지: https://forwork.meta.com/kr/horizon-workrooms/ ※ 위 주소로 접속하면 PC에서 사용 가능	[QR코드]
	원격 데스크톱 접속 사이트: https://www.oculus.com/desktop/ ※ 위 주소로 접속하여 PC와 헤드셋을 연결할 수 있는 Meta Quest 원격 데스크톱을 다운로드	
유료/무료 여부: 무료	주요 기능: - 아이디어 브레인스토밍 - 프레젠테이션 - 원격 회의 및 협업 - Meta Quest 없어도 PC 접속 회의 가능 - Zoom과 연계해서 회의 참석 가능 ※ PC Desktop에 Agent 별도 설치 필요	

---

4) IDC. (2024). Worldwide AR/VR headset forecast, 2023Q4

■ 앱을 실행하고 시작한다.

Meta Quest 원격 데스크톱

Meta Quest 원격 데스크톱
Meta Quest 원격 데스크톱을 사용하면 VR에서 컴퓨터 화면에 액세스하고 화면을 공유할 수 있습니다

다운로드

이 앱을 다운로드하면 Supplemental Meta Platforms Technologies Terms Of Service에 동의하며 Supplemental Meta Platforms Technologies Privacy Policy를 읽었음을 인정하게 됩니다.

1) 앞의 정리된 표에 있는 원격 데스크톱 접속 사이트에 가서 먼저 'Meta Quest 원격 데스크톱'을 PC에 다운로드 후 설치한다.	2) 설치된 Meta Quest 원격 데스크톱을 실행하여 헤드셋과 연결한다. PC의 화면을 원격으로 헤드셋에 보낼 수 있다.

3) ① 앱을 클릭하여 실행한다.	4) 가상 책상의 위치를 설정한다.

5) 가상공간에서도 실제 책상 위 키보드와 마우스를 눈으로 보면서 PC 사용이 가능하다

■ 회의하기

1) 등록된 회의 또는 사전에 만들어 둔 회의 룸으로 입장한다.

2) 회의 룸으로 입장하고 있다.

3) 참석자에게 초대 링크를 공유한다.

4) 초대 링크를 받은 상대방은 링크를 클릭하면 아바타로 가상공간에 입장하여 대화를 나눌 수 있다.

■ 워크룸(WORKROOMS)을 활용한 저자들의 회의 예시

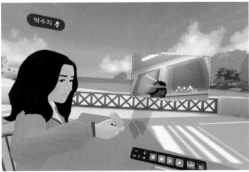

06 공간 컴퓨팅이 보여 줄 출판의 미래

이미 다가온 미래

공간 컴퓨팅은 아직 책의 교정과 출판 분야에 본격적으로 적용된 사례가 많지 않다. 하지만 다른 산업의 사례를 보면, 출판 업계에도 큰 변화를 가져올 가능성이 크다.

가까운 미래에는 출판업에 있는 사람들이 가상공간에서 협업할 수 있게 된다. 편집자, 디자이너, 교정 담당자가 공간 컴퓨팅 헤드셋을 착용하고 가상의 출판사 사무실에 접속할 수 있다.

가상공간은 현실처럼 구현된다. 책상, 의자, 화이트보드, 프로젝터가 배치된 디지털 작업 공간이 제공된다. 편집자는 가상의 화면에 원고를 띄우고 AI 교정 도우미를 활용한다. 이 도우미는 문장 구조, 맞춤법, 띄어쓰기, 문체 호환성을 실시간으로 점검한다.

이미 북엔드Bookend 같은 기업은 AI 기반 교정 솔루션을 제공하고 있다. 단순한 맞춤법과 띄어쓰기 교정을 넘어 전문 편집자의 교정 수준으로 문장을 다듬을 수 있다. AI는 글쓰기 목적에 맞게 문체를 조정할 수도 있다. 이를 통해 출판 과정에서 발생하는 비용을 줄이려는 시도가 이루어지고 있다.

과거 AI 번역은 어색하고 기계적이었다. 단어와 문장의 빈도를 조합하는 통계 기반 번역이었기 때문이다. 하지만 딥러닝 기술이 발전하면서 문맥을 이해하는 번역이 가능해졌다. 이제는 AI가 문장의 흐름과 뉘앙스를 고려해 자연스러운 번역을 제공한다.

AI 기술은 번역을 넘어 법률 분야에서도 활용되고 있다. 미국의 대형 법무법인 베이커 앤 호스테틀러Baker & Hostetler에서는 ROSS라는 AI 변호사를 운영한다.[5] 이 AI는 수천 건의 판례를 분석하고 사건에 도움이 될 내용을 변호사에게 제공한다. 덕분에 변호사는 자료 조사보다 변론 준비에 집중할 수 있다. 이처럼 AI와 공간 컴퓨팅 기술이 발전하면서 출판 분야도 변화의 물결을 탈 가능성이 높아지고 있다.

가까운 미래, 변화하는 판매 방식

출판 과정이 가상공간에서 진행되고, AI가 교정을 자동화하면 독서 경험도 달라진다. 독자는 더 이상 종이책이나 전자책E-Book에 의존하지 않는다.

공간 컴퓨팅 헤드셋을 쓰면 가상의 서점이나 도서관에 들어갈 수 있다. 원하는 책을 직접 선택하고 펼쳐 보는 경험이 가능해진다. 현재 일부 도서관은 가상공간 투어를 제공한다. 하지만 이는 360도 파노라마 이미지를 활용한 간단한 탐색 수준이다.

차세대 공간 컴퓨팅 환경에서는 고해상도 그래픽, 초고속 통신망, 클라우드 스토리지, AI 기반 콘텐츠 관리 기술이 결합된다. 그 결과 독자는 실제로 책을 집어 드는 것과 유사한 경험을 하게 된다.

저자가 가상공간의 산장에서 잡지를 공중에 띄워 놓고 읽고 있는 모습

5) 부장원. (2018, 2월 28일). "판례분석 끝냈습니다" AI 변호사, 사람보다 낫네. 매일경제. https://www.mk.co.kr

가상공간의 서점에서는 책을 직접 만지는 듯한 감각으로 책을 선택하고 펼쳐볼 수 있다. AI는 독자의 취향을 분석해 유사한 장르나 작가의 책을 추천한다. 특정 주제에 맞는 참고 자료도 가상의 서가에 즉시 표시된다. 공간 컴퓨팅 헤드셋은 눈 깜박임이나 간단한 음성 명령만으로 작동한다. 덕분에 독자는 방대한 도서 중 원하는 책을 빠르고 쉽게 검색할 수 있다.

국립중앙도서관 온라인 VR 견학 서비스 (출처: 국립중앙도서관 홈페이지)

공간 컴퓨팅 환경에서는 책의 홍보 방식도 변화할 것이다. 일부 글로벌 기업들은 이미 공간 컴퓨팅을 활용한 제품 체험을 제공하고 있다.

영국의 다이슨Dyson은 가상공간에서 고객이 제품을 체험할 수 있는 환경을 구축했다. 고객은 날개 없는 선풍기나 무선 청소기를 가상공간에서 체험해 볼 수 있다. 실제 매장에 가지 않아도 된다. 제품의 기능과 성능을 가상공간에서 직접 확인할 수 있다.

다이슨의 가상공간 체험 서비스

출판사들은 신간을 가상의 서가에 전시할 수 있다. AI는 책의 핵심 키워드와 주제를 분석해 독자에게 요약본을 제공한다. 이미 기사, 에세이, 논문 등을 요약하는 AI 도구들은 출시되어 있다.

독자는 즉석에서 서문이나 특정 챕터를 미리 읽어 볼 수 있다. 가상공간의 AI 가이드는 작가 인터뷰 영상이나 관련 콘텐츠를 소개한다. 이를 통해 독자는 책과 작가를 더 깊이 이해할 수 있다. 이 기능도 이미 공간 컴퓨팅 내에 구현되어 있다. AI는 사용자의 질문에 답하고, 패스쓰루Passthrough 기능으로 보이는 사물을 인식해 음성으로 설명할 수 있다.

독자는 헤드셋을 쓰고 원하는 책을 골라 가상화폐로 구매할 수도 있다. 메타의 공간 컴퓨팅 플랫폼인 호라이즌 월드에서는 메타 크레딧[6]이 사용될 예정이다. 이 가상화폐로 플랫폼 내 아이템을 구매할 수 있다. 창작자는 직접 수익을 올릴 기회를 얻는다. 이렇게 공간 컴퓨팅의 변화는 지금도 계속되고 있다.

---

6) Meta. (2022, April 11). Testing new tools for Horizon Worlds creators to earn money. https://about.fb.com/news/2022/04/testing-creator-monetization-horizon-worlds/

2.2 공간 컴퓨팅에서 그림 그리기

https://www.youtube.com/watch?v=flNHHq8URuw
QR코드를 스캔하면 내용을 쉽게 이해할 수 있도록 제작된 유튜브 동영상을 시청하실 수 있습니다.

01 가상공간에서의 창작 준비

그림 그리기의 진입 장벽

어린 시절, 많은 사람이 벽지나 책에 그림을 그리며 놀이를 즐겼다. 하지만 학교에 들어가면서 그림은 '미술'이라는 교과목이 되었다. 잘 그려야 한다는 부담이 커지면서 점점 소수의 전공자들만이 미대를 진학하게 되었다.

저자들은 미술 전공자가 아니다. 공대와 경영대를 졸업하고 IT 분야에서 일해 왔다. 시스템 구축, IT·경영 교육, 디자인 관련 업무를 수행하며 경력을 쌓았다. 그림에 대한 관심은 늘 있었다. 하지만 직장 생활 중 그림을 그리는 일은 쉽지 않다.

미술을 배우려면 많은 노력이 필요하다. 직장인은 이미 바쁜 업무와 피로에 시달린다. 퇴근 후나 주말에 그림을 그리려 해도 휴식과 가족과의 시간이 우선이다.

또한, 새롭게 미술을 시작하는 데에는 경제적 부담도 크다. 물감, 캔버스, 이젤, 팔레트 같은 도구가 필요하다. 유화를 하려면 신나Paint Thinner와 환기 시설도 준비해야 한다. 물감이 바닥이나 벽에 튈 수 있어 별도의 작업 공간이 필요하다. 일부 재료는 인체에 해로울 수도 있다.

이렇게 성인이 되어 미술을 다시 시작하려면 화실, 재료, 작업 환경을 모두 새로 마련해야 한다. 학원을 다니며 미술을 배우는 사람도 있지만 시간과 노력이 많이 든다. 게다가 완성한 작품을 전시하는 일은 아마추어에게는 높은 장벽이 된다.

그러나 공간 컴퓨팅 기술은 이러한 한계를 극복할 수 있는 기회를 제공한다. 비싼 재료나 넓은 작업실 없이도 가상공간에서 창작이 가능하다. 새로운 방식으로 그림을 그리고, 이를 전시할 수 있는 환경이 열리고 있다.

02 현실처럼 자연스럽게 그리기

가상현실에서의 그리기 체험

공간 컴퓨팅에서 그림을 그리는 방식은 기존의 컴퓨터나 태블릿과 다르다. 마우스나 전자펜이 아니라 손과 팔을 직접 움직이며 그리는 방식이다.

가상공간에서는 실제 화실처럼 작업할 수 있다. 캔버스에 가까이 다가가 머리나 허리를 숙여 세밀한 부분을 살펴볼 수 있다. 반대로 팔을 크게 움직여 밑바탕을 칠할 수도 있다. 실제 그림 그리기의 경험을 그대로 재현하는 것이 특징이다.

공간 컴퓨팅에서 그림을 그릴 수 있는 대표적인 애플리케이션에는 브러시워크 Brushwork, 버밀리언Vermillion, 멀티 브러시MultiBrush가 있다. 각 애플리케이션은 각자 다른 방식의 창작 스타일을 돕는다.

브러시 워크

브러시워크Brushwork는 선셋 디비전Sunset Division에서 개발한 웹 기반 가상 그림 애플리케이션이다.

이 애플리케이션은 웹XRWebXR 기술을 활용한다. 공간 컴퓨팅 헤드셋에 별도로 설치할 필요 없이 웹 브라우저에서 바로 실행할 수 있다. 브라우저에서 해당 주소를 입력하면 즉시 가상 화실이 열리고, 몰입형 환경에서 그림을 그릴 수 있다.

이렇게 웹 기반으로 동작하는 것이 가장 큰 장점이다. OS나 기기 종류에 구애받지 않고 실행할 수 있다. 하지만 브라우저에서 실행되는 만큼 헤드셋에 직접 설치하는 애플리케이션보다 화구 종류나 기능이 제한적이다.

한적한 강가를 배경으로 한 그림 그리기 환경

버밀리언

버밀리언Vermillion은 Aviary에서 개발한 가상공간 그림 그리기 애플리케이션이다. 사용자는 고풍스러운 가상의 화실에서 작업할 수 있다. 가상공간에는 이젤, 붓 도구 세트, 팔레트 같은 실제 화실과 유사한 도구들이 배치된다. 이 애플리케이션은 브러시워크Brushwork와 달리 헤드셋에 직접 설치해야 한다. 하지만 그만큼 더 많은 기능과 다양한 화구를 제공한다. 세밀한 붓 터치와 현실적인 유화 질감을 표현할 수 있어 더욱 정교한 작업이 가능하다.

고풍스러운 작업실을 배경으로 한 버밀리언의 그림 그리기 환경

멀티브러시

멀티브러시MultiBrush는 구글이 2021년 오픈소스로 전환한 '틸트 브러시Tilt Brush'에서 파생되었다. 누구나 이를 기반으로 새로운 애플리케이션을 개발할 수 있으며, 멀티브러시도 그 결과물 중 하나다.[7]

이 애플리케이션은 헤드셋에 직접 설치해야 한다. 하지만 일반적인 캔버스 작업과 달리, 자신을 둘러싼 모든 공간에 그림을 그릴 수 있다. 사용자는 360도 가상공간 전체를 캔버스로 활용할 수 있다. 덕분에 입체적인 드로잉이 가능하다.

① 공간 컴퓨팅의 캔버스와 이젤

가상현실에서 그림을 그리는 것은 창작에 새로운 자유를 준다. 가상 캔버스는 원하는 만큼 무한히 사용할 수 있다. 30x40인치의 큰 캔버스부터 12x12인치의 작은 캔버스까지 다양한 조절이 가능하다. 창작 과정에서 캔버스를 확대하거나 축소할 수도 있다. 세밀한 작업이 필요할 때는 캔버스를 확대해 정교한 표현이 가능하다. 반대로, 넓은 면적을 빠르게 채우려면 캔버스를 축소해 작업 속도를 높일 수 있다.

가상 캔버스는 물감이 아무리 쌓여도 손상되지 않는다. 찢어질 걱정도 없다. 마음에 들지 않으면 언제든 수정하거나 다시 그릴 수 있다. 덕분에 창작 과정에 부담이 줄어든다.

공간 컴퓨팅 환경에서는 이동식 이젤도 편리함을 제공한다. 버밀리언Vermillion은 가상공간에서 나무 재질의 이동식 이젤을 제공한다. 사용자는 이젤의 각도를 자유롭게 조정할 수 있다. 덕분에 작업 중에도 최적의 자세를 유지하며 그림을 그릴 수 있다.

다양한 각도로 조절되는 버밀리언의 이젤

7) Pennsylvania State University. Multibrush (https://imex.psu.edu/project/multibrush/)

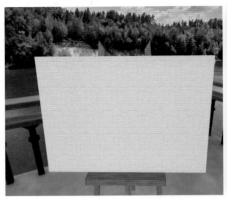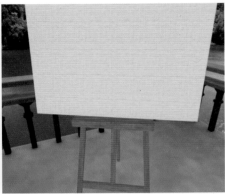

높낮이만 조절되는 브러시워크의 이젤

브러시워크Brushwork나 버밀리언Vermillion은 현실과 같이 캔버스를 마주 보고 그림을 그린다. 반면 멀티브러시MultiBrush는 전혀 다른 방식으로 작업이 이루어진다.

사용자가 서 있는 모든 공간이 캔버스가 된다. 3차원 공간 전체를 가상의 붓으로 그림을 그릴 수 있다. 그림을 움직이게 하는 효과도 적용할 수 있다.

이 방식은 공간의 제약 없이 자유로운 디지털 아트를 구현할 수 있다. 하지만 모든 공간을 활용해야 하기 때문에 더 많은 신체 움직임이 필요하다. 또한, 눈에 보이지 않는 후면이나 측면도 꼼꼼하게 작업해야 한다. 그래서 익숙해지는 데 시간이 걸릴 수 있다.

멀티 브러시로 그림을 그리는 모습 (출처: Tilt Brush 홈페이지, tiltbrush.com)

② 공간 컴퓨팅의 붓

가상공간에서 사용하는 붓은 현실 세계의 붓처럼 다양하다. 세밀한 작업을 위한 리거 붓, 넓은 면적을 채우는 평붓 등 다양한 옵션이 제공된다.

하지만 가상공간에서는 초현실적인 붓도 활용할 수 있다. 예를 들어, 붓으로 그린 부분에 다채로운 애니메이션 효과를 추가할 수 있다. 이러한 독창적인 붓은 창작 과정에 새로운 재미와 가능성을 더해 준다.

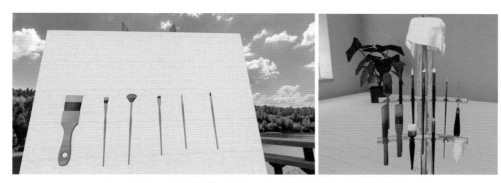

좌: 브러시워크에서 제공하는 붓 세트, 우: 버밀리언에서 제공하는 붓 세트

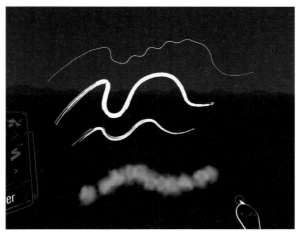

멀티 브러시의 초현실적인 붓 터치의 예 (붓 터치에 애니메이션 효과가 적용되어 있음)

가상공간에서 붓 터치의 물리적 감각을 완전히 재현하는 것은 쉽지 않다. 처음 가상공간에서 그림을 그리는 사람들은 붓의 위치와 캔버스의 감각적인 거리감을 익히는 데 어려움을 겪을 수 있다. 가상의 붓이 가상의 캔버스에 닿았는지 정확히 판단하기 어려울 수 있다.

이를 보완하기 위해 햅틱_{진동} 피드백이 활용된다. 핸드 컨트롤러가 붓과 캔버스가 접촉하는 순간 진동을 제공해 촉각적인 피드백을 준다. 하지만 현실에서 느낄 수 있는 미세한 압력 차이까지는 아직 재현하기 어렵다. 가상의 붓과 캔버스에 익숙해지려면 반복적인 연습이 필요하다. 처음에는 어색할 수 있지만, 꾸준히 연습하면 점점 자연스럽게 조작할 수 있게 된다.

③ 공간 컴퓨팅의 물감과 팔레트

가상공간에서는 물감이 무한정 제공된다. 사용자는 다양한 색을 자유롭게 섞어 새로운 색을 만들 수 있다. 예를 들어, 빨간색과 파란색을 섞으면 현실과 동일하게 보라색이 된다. 멀티 브러시_{MultiBrush}에서는 컬러 팔레트에서 원하는 색을 직접 선택할 수 있다.

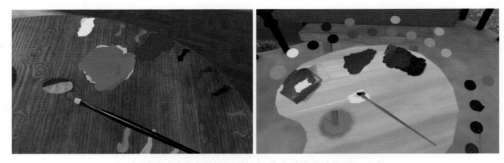

좌: 버밀리언에서 원하는 색상을 내기 위해 물감을 섞는 모습
우: 브러시워크에서 원하는 색상을 내기 위해 물감을 섞는 모습

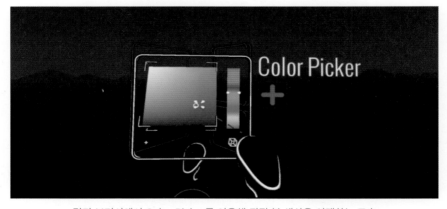

멀티 브러시에서 Color Picker를 이용해 직접 붓 색상을 선택하는 모습

가상공간과 현실의 색상 차이

가상공간의 색상 표현은 빛을 기반으로 표현된다. 이는 현실의 물감이나 인쇄 방식과는 차이가 있다. 공간 컴퓨팅 헤드셋은 컴퓨터 모니터처럼 빛을 이용해 색상을 구현한다. 기본적으로 빛의 3원색인 RGB적색, 녹색, 청색를 사용한다. 종이에 그리거나 인쇄된 색상은 CYM시안, 노랑, 자홍을 사용한다. RGB는 빛을 더해 색을 밝게 만든다. 반면, CYM은 색상을 섞어 색을 어둡게 만든다.

RGB: 빛의 3원색과 가산 혼합

- 세 가지 빛인 RGB적색, 녹색, 청색를 조합하면 다양한 색상이 생성된다.
- 빛을 더할수록 밝아지고, 최종적으로 흰색이 된다.

CYM: 인쇄 색상과 감산 혼합

- 세 가지 색상인 CYM시안, 노랑, 자홍을 혼합하면 다양한 인쇄 색상이 만들어진다.
- 색을 혼합할수록 어두워지며, 최종적으로 검은색이 된다.

참고로 컬러 프린터는 CYM 색상을 모두 섞지 않고, 별도의 검은색K 잉크를 추가로 사용한다. 이는 잉크 소모를 줄이고, 일관된 검정을 표현하기 위한 방식이며, CMYK 모델이라고 불린다.

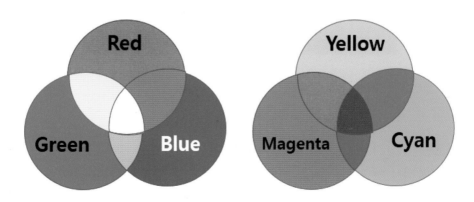

빛의 3원색 RGB와 물감의 3원색 CYM

공간 컴퓨팅이 확장하는 그리기의 자유

미술 비전공자나 일반인이 이젤과 화구를 갖추고 그림을 시작하는 것은 쉽지 않다. 야외에서 자연을 벗 삼아 그림을 그리는 것도 마찬가지다. 특히 그림 도구를 이동하는 과정에서 불편함이 크다. 장비의 부피와 무게로 인해 제약이 따르게 된다.

미술 전문가들도 야외에서 그림을 그리는 것은 도전이 될 수 있다. 이젤과 캔버스를 들고 이동하는 것은 생각보다 힘든 일이다. 한 방송 프로그램에서는 웹툰 작가가 야외에서 그림을 그리려다 장비가 손상되거나 물감을 흘리는 장면이 나왔다. 이 장면은 웃음을 자아냈지만, 동시에 야외 작업의 현실적인 어려움을 보여 주는 사례였다.

야외에서 그림을 그리기 위해 이젤과 캔버스를 들고 힘겹게 이동하는 모습 (출처: 엠뚜루마뚜루-MBC공식종합채널)

이러한 불편함은 초보자에게는 더 큰 장애물이 된다. 그림을 시작하기 전에 겪는 번거로움과 예상치 못한 문제들은 창작의 의욕을 저하시킬 수 있다. 그러나 공간 컴퓨팅 헤드셋을 착용하는 순간, 그림을 그릴 환경은 완전히 달라진다.

어디에 있든 가상공간은 즉시 창작에 집중할 수 있는 화실로 변한다. 패스쓰루 기능으로 방 안에 가상의 캔버스와 이젤을 배치하고 그림을 그릴 수 있다.

가상공간에서는 참조 자료나 이미지를 공중에 띄워 원하는 위치에 배치할 수 있다. 현실에서는 불가능한 방식으로 작업의 편리함을 높여 준다.

멀티브러시에서 참조 이미지를 공중에 띄워 확인하며 작업하는 모습

가상공간 그리기의 도전과 장점

가상공간에서 그림을 그릴 때 가장 큰 문제는 배터리다. 장시간 작업하려면 배터리를 충분히 충전해야 한다. 부족할 경우 긴 USB 케이블로 보조 배터리나 전원에 연결해야 한다.

헤드셋의 착용감도 중요하다. 일부 사용자는 무게나 압박감 때문에 불편함을 느낀다. 쿠션 패드를 활용하면 착용감을 개선할 수 있지만, 장시간 사용 시 휴식이 필요하다.

신체적 피로도 고려해야 한다. 가상공간에서의 동작과 자세는 현실과 비슷하다. 반복적인 움직임이 어깨나 손목에 부담을 줄 수 있어 적절한 휴식이 필요하다. 이는 가상공간뿐만 아니라 현실에서 그릴 때에도 마찬가지다.

그러나 가상공간은 작업의 연속성을 보장한다. 현실에서는 그림 도구를 정리하고 다시 세팅해야 하지만, 가상 환경에서는 그대로 보존된다. 저장 버튼 하나로 현재의 어질러진 상태를 기록하고 언제든 다시 이어서 작업할 수 있다.

일부 사람들은 공간 컴퓨팅 헤드셋을 진입 장벽으로 여긴다. 하지만 넓은 화실을 마련하거나 전문가용 화구를 갖추는 것과 비교하면 더 접근하기 쉽다. 공간 컴퓨팅은 누구나 쉽게 창작할 수 있는 환경을 제공하는 도구다.

실습하기 - 가상공간에서 그림 그리기: 브러시워크(BRUSHWORK), 버밀리언(VERMILLION), 멀티브러시(MULTI BRUSH)

브러시워크(BRUSHWORK) 사용하기

<table>
<tr>
<td rowspan="3"></td>
<td colspan="2">브러시워크(BRUSHWORK)</td>
</tr>
<tr>
<td colspan="2">가상현실 그림 그리기</td>
</tr>
<tr>
<td colspan="2">

작동 기기:
- Meta Quest
- HTC VIVE
- Reverb G2
</td>
</tr>
<tr>
<td>

회사명:
Sunset Division Games
</td>
<td>

홈페이지:
https://brushworkvr.com/paint

※ 웹XR(WebXR)로 구현되어 있어, 별도의 앱 설치 없이 웹 브라우저에서 접속하여 실행이 가능하다. 따라서 위 주소로 접속하면 PC에서도 가상공간에서 어떤 분위기인지 미리 확인해 볼 수 있다.
</td>
<td>

[QR코드]

</td>
</tr>
<tr>
<td>

유료/무료 여부:
- WebXR 사용 무료
- Brushwork Studio로 사용 시 유료
</td>
<td colspan="2">

주요 기능:
- 웹XR(WebXR)로 별도 애플리케이션 다운로드 없이 실행
- 현실적인 색상 혼합
- 완성된 그림의 스마트폰 공유

※ 해당 사이트에서 PC나 스마트폰으로 분위기를 확인할 수 있지만, 몰입형 환경에서 그림을 그리려면 공간 컴퓨팅 헤드셋이 필요하다.
</td>
</tr>
</table>

■ 앱을 실행하고 시작한다.

1) 브러시워크는 헤드셋에 설치되는 애플리케이션이 아니라, 웹XR(WebXR)로 구현되어 헤드셋 내장 인터넷 브라우저에서 홈페이지 주소를 입력하여 접속하는 방식이다. 헤드셋 내장 브라우저에서 브러시워크 ❶ 홈페이지 주소를 입력한다.

2) 이어서 나타나는 브러시워크 초기 화면에서 "ENTER VR AND START PAINTING"을 클릭한다.

Welcome to Brushwork VR!

Instructions and menu to your right.

< OK >

Choose a canvas size with the arrows

3) 브러시워크 사이트로 들어온다.

■ 메뉴 구성 및 기본 기능 알아보기

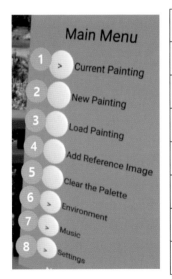

1 Current Painting:	현재 작업 중인 그림을 표시
2 New Painting:	새로운 그림을 시작
3 Load Painting:	저장된 그림 불러오기
4 Add Reference Image:	참조 이미지 추가
5 Clear the Palette:	팔레트를 초기화
6 Environment:	작업 환경 설정을 변경
7 Music:	음악을 재생하거나 설정
8 Setting:	애플리케이션의 전반적인 설정을 조정

■ 그림 그리기

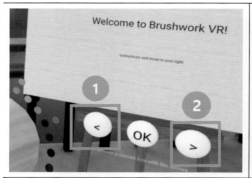

1) ①이나 ②를 눌러 캔버스의 크기를 선택한다. 작업에 맞는 캔버스의 크기를 고른다.

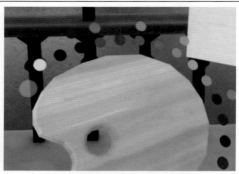

2) 팔레트를 활용하여 다양한 색상을 혼합하고 원하는 색을 만든다.

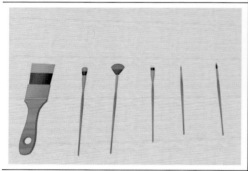

3) 세밀한 표현을 위한 가는 브러시부터 넓은 면적을 칠할 수 있는 굵은 브러시까지 그리고자 하는 용도에 맞게 브러시를 선택한다.

4) 팔레트에서 기본 색상을 선택한 후, 브러시로 원하는 색상을 찍어 다른 색상과 혼합한다. 예를 들어, 빨간색과 파란색을 섞으면 보라색이 생성된다. 이러한 과정을 통해 원하는 색조를 얻는다.

5) Add Reference Image를 눌러 참조 이미지를 공중에 띄워 놓고 그림을 그릴 때 참고할 수 있다.

6) 창의력과 상상력을 발휘해 원하는 대로 캔버스에 자유롭게 그림을 그려 보자.

버밀리언(VERMILLION) 사용하기

	버밀리언(VERMILLION)	
	가상현실 그림 그리기	
	작동 기기: - Meta Quest - STEAM VR (HTC Vive, Windows MR, Oculus Rift)	
회사명: 독립 개발자 - 토마스 반덴 버그	**홈페이지:** https://vermillion-vr.com/	[QR코드]
유료/무료 여부: 유료	**주요 기능:** - 현실적인 색상 혼합 - 고해상도 캔버스 - 내장 웹브라우저 및 프로젝터 - 협업하며 그리기	

■ 앱을 실행하고 그림을 그리기

1) ①을 클릭하여 실행한다.

2) 캔버스 하단의 '+' 아이콘 위에 손을 올려 두면 캔버스가 생성되어 작업을 시작할 수 있다.

3) 캔버스가 생성 중이다.

4) 캔버스가 생성된 후, 자신의 키에 맞게 위치 조정 손잡이를 사용하여 캔버스의 높이와 각도를 조정해 편안하게 작업할 수 있도록 설정한다.

| 5) 팔레트를 쥐고 원하는 색상을 선택한다. | 6) 빨간색과 파란색을 섞으면 보라색이 생성된다. 이러한 과정을 통해 원하는 색조를 얻는다. |

| 7) 필요하면 참조 이미지를 공중에 둥둥 띄워 작업에 활용할 수도 있다. | 8) 창의력과 상상력을 발휘해 원하는 대로 캔버스에 자유롭게 그림을 그려 보자. |

■ 그리기 붓의 종류

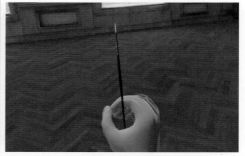

페인팅 나이프

물감을 바를 때 사용하는 도구이다. 주로 붓 대신 사용한다. 나이프는 평평하고 균일하게 물감을 바르는 데 적합하다. 물감을 여러 층으로 쌓아 입체감을 표현할 때도 유용하다.

리거붓

긴 선을 그릴 때 사용하는 붓이다. 붓의 모가 길고 유연하다. 그래서 한 번의 움직임으로 긴 선을 부드럽게 그릴 수 있다.

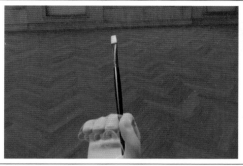

평붓

모양이 평평하다. 닿는 면적이 넓다. 그래서 넓은 면을 색칠할 때 쓴다. 균일하게 색칠할 때도 유용하다. 좁은 면을 세워서 사용하면 가늘게 색칠할 수도 있다.

사선붓

선을 그릴 때 사용한다. 뾰쪽하게 튀어나온 부분을 활용한다. 자세히 그려야 할 곳에 색칠할 수 있다.

둥근붓

생긴 모양 그대로 매우 뾰족한 붓이다. 정밀한 묘사를 할 때 적합하다.

팬붓

색칠하는 용도보다는 이미 색칠이 된 부분에 대해 부드럽게 효과를 주는 용도로 사용한다. 서로 다른 색이 만나는 경계에서 사용하면 색이 자연스럽게 연결된다.

필버트 붓

평붓과 비슷하다. 하지만 끝 부분이 둥글다. 주로 색칠을 하거나 자국을 낼 때 사용한다.

백붓

넓은 면적을 빠르게 칠할 때 사용하는 붓이다. 배경을 균일하게 칠하는 데 적합하다.

멀티브러시(MULTI BRUSH) 사용하기

	멀티브러시(MULTI BRUSH)	
	가상현실 그림 그리기	
	작동 기기: - Meta Quest	
회사명: Rendever	**홈페이지:** https://www.rendever.com/	[QR코드]
유료/무료 여부: 무료	**주요 기능:** - 가상현실 예술 및 혼합현실 예술 창작 - 주변의 모든 공간을 캔버스로 사용 - 협업하며 함께 그리기	

■ Tool 도구 메뉴 구성 알아보기

1	**지우개(Eraser):** 잘못된 선이나 객체를 삭제
2	**직선 도구(Straight Edge):** 정확한 직선을 그릴 수 있게 함
3	**환경 설정(Environment):** 작업 공간의 배경과 분위기를 조절
4	**거울(Mirror):** 대칭적인 그림을 그릴 수 있도록 화면을 반사
5	**이동(Teleport):** 가상공간 내에서 빠르게 위치를 이동
6	**카메라(Camera):** 작품의 스냅샷이나 동영상을 캡처
7	**패스쓰루(Passthrough):** 패스쓰루 기능으로 바깥 현실을 배경으로 작업할 수 있게 함
8	마지막 작업을 취소하거나 취소한 작업 다시 실행

■ Brushes 도구 구성 알아보기

1	**Light(빛):** 빛나는 효과를 표현하는 브러시
2	**Fire(불):** 불꽃 효과를 나타내는 브러시
3	**Embers(잔불):** 타오르는 잔불이나 불씨를 표현하는 브러시
4	**Smoke(연기):** 연기의 흐름을 나타내어 부드럽고 흐릿한 효과
5	**Snow(눈):** 내리는 눈을 표현하여 차가운 겨울 분위기를 조성
6	**Rainbow(무지개):** 무지개 효과를 표현
7	**Star(별빛):** 별빛이나 반짝이는 효과를 추가
8	이외에도 다양한 브러시가 있으며, 직관적인 아이콘을 통해 브러시의 기능을 쉽게 파악할 수 있다. 각 브러시를 활용해 다양한 작업을 시도해 보자.

1장

2장

3장

4장

5장

■ 앱을 실행하고 그림을 그리기

1) **1**을 클릭하여 실행한다.	2) 멀티브러시는 기존의 그리기 애플리케이션과 달리 별도의 캔버스가 필요 없다. 자신을 둘러싼 주변의 모든 공간이 곧 캔버스가 된다.

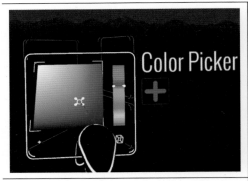

3) 멀티 브러시는 기존의 그림 도구와 달리, 팔레트에서 색을 혼합하지 않고 Color Picker(색상 선택기)를 통해 직접 색상을 선택한다.

왼손 컨트롤러의 조이스틱을 회전하여 Color Picker를 호출하고, 현재 작업 중인 장면이나 이미지에 사용할 색상을 선택할 수 있다. 이를 통해 다양한 색상을 손쉽게 활용할 수 있다.

4) Tool 기능은 다양한 작업 도구를 선택하고 설정할 수 있도록 돕는다.

지우개는 특정 부분을 삭제하여 수정할 수 있다. 환경 변경 기능은 배경과 분위기를 조절해 작품의 느낌을 바꾼다. 미러 기능은 객체를 실시간으로 대칭하여 대칭적인 디자인을 쉽게 만든다. 텔레포트 기능은 가상공간에서 원하는 위치로 즉시 이동하게 한다.

또한, 카메라 기능을 활용하면 특정 각도에서 작품을 촬영하고 공유할 수 있다.

5) Brushes(브러시)는 기존의 그림 도구와 달리 반짝이는 네온 효과나 흩날리는 눈과 같은 특수 효과를 표현할 수 있다. 이를 통해 작가는 상상 속 예술 세계를 가상공간에서 쉽게 구현할 수 있다.

6) 멀티브러시는 별도의 캔버스 없이 주변의 모든 공간을 캔버스로 활용할 수 있다. 창의력과 상상력을 발휘해 원하는 대로 자유롭게 그림을 그려 보자.

7) 필요하면 참조 이미지를 공중에 둥둥 띄워 작업에 활용할 수도 있다.

저자들이 가상공간에서 그림 그리기를 하고 전시한 모습

03 가상공간에서의 전시와 관람

누구나 창작하고 전시할 수 있는 시대의 도래

미술계에서 오랜 경력과 네트워크를 가진 사람일수록 자신의 작품을 대중에게 선보이기 쉽다. 물론, 미술계에 있다고 해서 모든 사람이 작품을 쉽게 공개할 수 있는 것은 아니다. 하지만 비전공자들에게는 더욱 높은 장벽이다.

미술이 '심성을 표현하고 전달하는 방법'이라면, 특정 교육을 받은 사람만의 전유물이 아니다. 미술은 기존 질서를 허물고 새로운 가능성을 탐색하는 행위이기도 하다. 현대 미술은 전통적인 형식에서 벗어나려는 시도를 통해 발전해 왔다.

공간 컴퓨팅을 활용하면 기존의 형식에서 벗어나 새로운 방식으로 그림을 전시하고 감상할 수 있다. 이는 미술계의 진입 장벽을 낮추는 역할을 한다.

가상공간에서 전시하기

공간 컴퓨팅 헤드셋의 가상공간에서는 그림이 디지털 형태로 저장된다. JPG, GIF 등 다양한 파일 포맷을 지원한다. 그러나 현실에서 전시하기 위해서는 작품을 컬러 인쇄가 필요하다.

가상공간의 색상은 'RGB적·녹·청 조합'으로 구성된다. 색이 섞일수록 밝아진다. 반면, 실제 회화에서는 물감이 겹칠수록 어두워진다. 따라서 가상공간에서 만든 작품을 컬러 인쇄하면 색감 차이가 생길 수 있다.

디지털 액자를 활용하면 원본 그대로의 색상을 표현할 수 있다. 예를 들어, '엘팩토리'의 '블루 캔버스Blue Canvas[8]'는 와이파이로 연동된다. 이를 통해 공간 컴퓨팅으로 만든 그림을 실시간으로 디지털 액자로 전송하고 전시할 수 있다. 물리적 액자 형태의 디스플레이로 가상의 그림을 간편하게 전시할 수 있다.

---

8) 블루캔버스. (2025). BlueCanvas 홈페이지(엘팩토리). Retrieved from (https://www.bluecanvas.com/Home)

블루캔버스 디지털 액자 (출처: 엘팩토리 블루캔버스 https://www.bluecanvas.com)

가상 갤러리

공간 컴퓨팅은 상호 작용과 교류를 중심으로 한다. 이를 활용하면 가상공간에서 미술관이나 갤러리를 쉽게 구현할 수 있다. 사용자는 개인 전시관을 개설하고 작품을 전시할 수 있다. 관람객은 아바타 형태로 입장해 작품을 감상하고 다른 방문자들과 소통할 수 있다.

스페이셜Spatial 같은 플랫폼은 갤러리 운영을 쉽게 할 수 있도록 다양한 기능을 제공한다. 사용자는 간단한 인터페이스로 전시 공간을 만들고, 작품을 업로드하며, 전시 구성을 자유롭게 설정할 수 있다. 또한, 3D 모델, 영상, 오디오 파일 등을 함께 전시할 수 있어 오프라인 전시보다 확장된 콘텐츠 제공이 가능하다.

> 사용자는 스페이셜에 접속한 후:
> 1. 자신만의 가상 갤러리를 생성한다.
> 2. 작품을 업로드하고 전시 위치를 배치한다.
> 3. 방문자를 초대할 수 있는 링크를 생성한다.

이러한 간단한 과정을 거치면 누구나 손쉽게 자신만의 전시회를 개최할 수 있다.

방문자는 아바타로 가상 갤러리에 입장한다. 실제 미술관을 거니는 듯한 몰입감을 느낄 수 있다. 작품을 확대하거나 세부 정보를 확인할 수 있다. 3D 모델을 회전하며 다양한 각도에서 감상할 수도 있다.

전시 공간은 단순한 감상을 넘어 관람객 간 실시간 대화와 의견 교환이 가능하다. 이는 일반 온라인 전시와 차별화되는 공간 컴퓨팅의 강점이다.

현실 공간에서 전시하기

저자들은 공간 컴퓨팅의 창작 가능성을 경험하기 위해 가상공간에서 그림을 그리고 전시했다. 또한, 엘팩토리의 "블루캔버스×아티비아" 디지털 아트 공모전에 참여했다. 이 공모전은 디지털 아트 시장 활성화와 신진 아티스트 지원을 위한 행사였다.

엘팩토리는 미술 작품을 디지털화하는 회사다. '디지털로 찾아가는 미술관' 행사와 미술 구독 서비스를 운영하며, 장소와 관계없이 누구나 미술을 감상할 수 있도록 돕는다. 이는 공간 컴퓨팅이 추구하는 방향과도 같다. 저자들은 공간 컴퓨팅을 연구하며 경험을 공유하는 과정에서 이 공모전에 참여할 기회를 얻었다.

예술계는 이제 전통 회화를 넘어 디지털 기술과 NFT를 적극적으로 받아들이고 있다. 공간 컴퓨팅도 점점 주목받으며, 가상공간에서 그림을 그리는 개념이 익숙해지고 있다.

저자들은 버밀리언Vermillion 앱을 활용해 가상공간에서 그림을 그리고, '메타세계'라는 작품을 공모전에 출품했다. 이 작품은 가상공간의 광활한 자연이 작은 캔버스속 현실 세계의 사진으로 담기는 반전을 표현했다.

블루캔버스×아티비아 Digital Voyager 전시회 출품작, 메타세계

좌: 현실 갤러리 전시회 실제 참여한 모습, 우: 가상 갤러리 전시회에 참여한 모습

가상공간은 점점 현실의 다양한 활동을 대체하거나 보완하고 있다. 창작과 전시는 과거에는 물리적 공간에서만 가능했지만, 이제는 가상공간에서도 원활하게 할 수 있다. 현실과 가상은 분리된 영역이 아니라 서로 연결되고 융합되고 있다.

 ## 실습하기 - 가상공간에서 전시하기: 스페이셜(SPATIAL)

	스페이셜(SPATIAL)	
	가상 협업 및 전시 플랫폼	
	작동 기기: - Meta Quest - PC (인터넷 접속) - iOS or Android	
회사명: Spatial systems	홈페이지: https://www.spatial.io/ ※ 위 주소로 접속하면 PC에서도 사용이 가능하다.	[QR코드]
유료/무료 여부: 무료, 저장 용량 추가 시 유료	주요 기능: - 현실감 있는 아바타 생성 - 가상공간 및 전시관 생성 - 콘텐츠 전시 및 프레젠테이션 - 가상회의 및 협업	

■ 메뉴 구성 및 기본 기능 알아보기

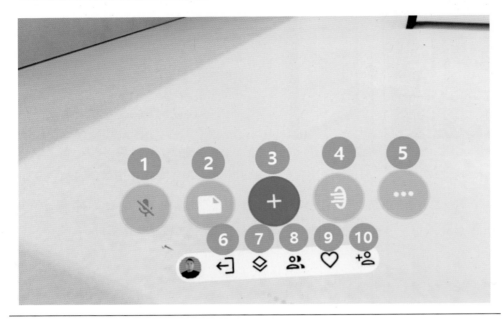

1. **Mute (음소거):** 마이크를 음소거하거나 활성화

2. **Sticky Note (스티키 노트):** 가상공간에 메모 추가

3. **Content (콘텐츠):** 이미지, 비디오, 3D 모델 등을 업로드하고 배치

4. **Portals (포털):** 다른 스페이스로 이동

5. **Settings (설정):** 아바타, 오디오, 환경 등을 설정

6. **Leaves (나가기):** 현재 스페이스 나가기

7. **Spaces (스페이스):** 다른 스페이스를 탐색

8. **Participants (참여자):** 현재 스페이스에 참여하고 있는 사용자들의 목록

9. **Love this place (이 장소를 좋아합니다):** 현재 스페이스에 대한 호감을 표시

10. **Invite (초대):** 다른 사용자를 스페이스에 초대

■ 갤러리를 만들어 나의 작품을 전시해 보기

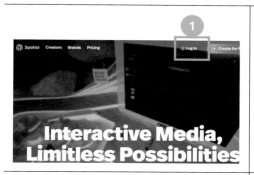	
1) PC의 인터넷 브라우저로 스페이셜 홈페이지에 접속한 후 ❶ 'Log In'을 한다. 사전에 회원 가입이 되어 있어야 한다.	2) 로그인 후, 새로운 스페이스를 생성해 본다. 우측 상단의 'New Space'를 클릭해 나만의 공간을 만들어 보자.
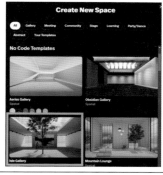	
3) 스페이스에는 다양한 종류가 있으며, 원하는 스페이스를 자유롭게 선택할 수 있다. 여기서는 작품 전시를 위해 갤러리 타입의 스페이스를 선택해 보자.	4) PC의 인터넷 브라우저에서 생성된 스페이스를 확인할 수 있다. 이제 공간 컴퓨팅 헤드셋을 사용해 새롭게 생성된 스페이스에 들어가 직접 살펴보자.

■ 헤드셋으로 만들어진 갤러리로 들어가기

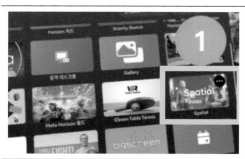	
1) ❶을 클릭하여 실행한다.	2) 헤드셋 내 스페이셜에서 새로 생성된 스페이스를 찾기 위해 ❷를 클릭한다.

3) 이어서 나타나는 메뉴에서 나의 스페이스를 찾기 위해 'Yours'를 클릭한다. 내가 만들었던 스페이스들이 보인다.

4) 앞에서 생성시킨 나의 스페이스를 선택하여 클릭한다.

5) 나의 갤러리 가상공간으로 들어간다.

6) Sticky Note(스티키 노트) 버튼을 클릭하여 가상공간에 메모를 추가해 보자.

7) 가상공간에 스티키 노트 메모가 팝업된다. 키보드를 이용해 글을 작성하거나 펜으로 직접 쓸 수도 있다.

8) 내용을 작성한 후 상단의 'DONE'을 클릭하면 된다.

9) 메모는 원하는 공간의 아무 곳에나 배치하면 된다.

10) 공간 컴퓨팅 헤드셋에서 배치한 메모는 PC의 인터넷 브라우저에서도 실시간으로 볼 수 있다. 또한, 이 공간에 들어온 누구라도 볼 수 있다.

■ 자신의 작품 갤러리에 업로드하기 (PC에서 작업)

1) PC의 인터넷 브라우저에서 Spatial 웹사이트로 접속한다.

2) PC에서 Spatial 웹사이트에서 접속한 후 해당 스페이스로 이동한다. 스페이스 내에서 자신이 업로드하길 원하는 액자를 선택한 후 빈 액자에 표시된 'Upload File'을 마우스로 클릭한다.

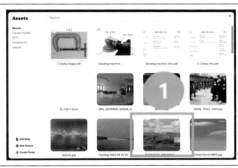

3) 업로드할 파일을 선택하는 창이 나타나면, 업로드할 ①그림 파일을 PC의 파일 중에서 선택한다.

4) 그렇게 하면 공간 컴퓨팅 헤드셋과 PC의 인터넷 브라우저에 동일하게 액자에 그림이 전시된다.

5) PC의 인터넷 브라우저에서 ②'Share' 버튼을 눌러 사람들을 전시관에 초대해 보자.

6) 이메일 주소를 입력하여 특정 사람에게 초대장을 보낼 수 있다. 수신자는 이메일을 통해 공간에 참여할 수 있다. 이러한 초대 기능은 인터넷 브라우저, 모바일, 공간 컴퓨팅 헤드셋 등 다양한 플랫폼에서 사용할 수 있다.

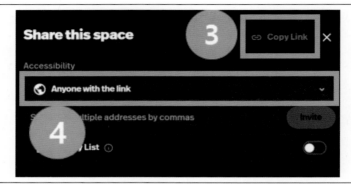

7) ③을 클릭하면 공유할 갤러리 사이트 링크를 복사할 수 있다. 이를 배포하면 이 링크 주소로 누구나 접속할 수 있다. 이를 위해서 ④를 클릭하여 '링크가 있는 모든 사용자에게 접근'을 허용해 준다.

※ Spatial의 동시 접속자 수는 사용 중인 플랜에 따라 달라진다. 무료 플랜에서는 최대 10명까지, Business 플랜에서는 최대 1,000명까지 동시 참여가 가능하다. 자세한 내용은 Spatial의 공식 지원 문서를 참고하면 된다.

저자의 개인 가상 갤러리 (아래 QR코드를 스캔하면 입장할 수 있다.)

https://www.spatial.io/s/Richards-Gallery-61fba45b23a233000196baee?share=6446049905519282232

현실 세계 미술관의 불편함

미술가는 자신만의 시각으로 세상을 바라보고, 이를 창의적으로 캔버스에 담는다. 우리는 그들의 시선을 경험하기 위해 미술관을 찾는다. 미술관의 차분한 분위기는 바쁜 일상 속에 쉼이 된다. 작품을 감상하며 영감을 얻고 마음의 여유를 찾을 수 있다. 많은 사람에게 작품 감상은 시각적 즐거움을 넘어 깊은 성찰과 조용한 대화의 시간이 된다.

그러나 현실에서는 여유로운 감상이 쉽지 않다. 미술관은 많은 방문객으로 붐비고, 충분히 감상하기 어려운 환경이다. 예를 들어, 루브르 박물관에서 모나리자를 보려면 긴 줄을 기다려야 한다. 겨우 그림 앞에 서더라도 밀려오는 인파 때문에 집중하기 어렵다. 결국 깊이 감상하기보다는 사진만 찍고 서둘러 자리를 떠나야 하는 경우가 많다.

1장

2장

3장

4장

5장

모나리자를 보기 위해 줄 서 있는 사람들의 모습
(출처: 뉴욕타임즈 Critic's notebook, 2019.11.6, "It's Time to Take down the Mona Lisa")

모나리자와 같은 대작이 아니더라도 인기 있는 작품 앞에는 항상 사람들이 몰린다. 관람객들이 한 곳에 많이 몰려 있으면 다른 사람은 작품을 제대로 감상하기 어렵다. 본인도 마음에 드는 그림 앞에 서서 감상할 때 다른 사람의 시야를 가릴 수 있다. 조용하고 여유롭게 그림을 감상하는 일은 생각보다 쉽지 않다.

미술관을 방문할 때 또 다른 장애물은 거리이다. 가까운 곳에서 전시가 열리면 부담이 적지만, 그렇지 않으면 먼 거리를 이동해야 한다. 지방에 위치한 미술관의 규모와 전시 수준도 제한적이어서 다양한 작품을 감상할 기회가 더욱 줄어든다.

해외 미술관을 찾는 사람들도 많다. 해외 미술관은 방대한 전시 규모와 다양한 작품, 그리고 세계적인 거장의 작품을 직접 감상할 수 있는 기회를 제공한다. 그러나 이러한 경험을 위해서는 비행기표를 예약하고, 호텔을 잡고, 휴가를 내는 등 상당한 시간과 비용이 필요하다. 단순히 미술 작품 감상을 위해서 이러한 준비를 하기에는 많은 사람들에게 현실적으로 부담이 될 수 있다.

가상공간에서 미술 관람하기

최근에는 온라인으로 미술 작품을 감상할 수 있는 플랫폼이 활발하게 개발되고 있다. 대표적으로 구글 아트앤컬처Google Arts & Culture는 전 세계 80개국, 2,000여 개 기관의 작품을 제공한다. 스마트폰이나 컴퓨터로 쉽게 감상할 수 있다.

그러나 2차원 화면으로는 작품의 실제 크기와 질감을 충분히 느끼기 어렵다. 반면, 공간 컴퓨팅 헤드셋을 사용하면 실제 미술관에 있는 것처럼 작품을 감상할 수 있다.

예를 들어, 그레이트 페인팅 VRGreat Paintings VR은 Hublab에서 제작한 가상 미술관이다. 헤드셋을 착용하면 1,000여 점의 거장 작품을 시대별로 감상할 수 있다. 산드로 보티첼리, 레오나르도 다빈치, 요하네스 베르메르 등의 작품을 실제 크기와 높은 화질로 재현해 몰입감 있는 감상이 가능하다.

가상 미술관에서는 혼잡함 없이 원하는 작품을 차분히 감상할 수 있다. 가까이에서 세밀하게 보거나 멀리서 전체 구도를 조망할 수도 있다. 공간을 자유롭게 이동하며 자연스럽게 감상할 수 있다.

아무도 없는 가상공간 미술관을 혼자 거닐며 감상하는 모습

또한, 돋보기 기능을 활용해 붓터치와 표현 기법을 정밀하게 살펴볼 수 있다. 작품 해설도 제공되어 더욱 깊이 있는 감상이 가능하다.

공간 컴퓨팅 기술을 활용하면, 위대한 화가들의 작품을 집에서 편안하게 감상할 수 있다. 시간의 제약 없이 언제든 작품을 즐기며, 미술관에 있는 듯한 감동을 느낄 수 있다.

실습하기 - 가상공간에서 관람하기: 그레이트 페인팅 VR(GREAT PAINTINGS VR)

	그레이트 페인팅 VR(GREAT PAINTINGS VR)
	가상현실 미술관
	작동 기기: - STEAM VR (HTC Vive, Windows MR, Oculus Rift, Meta Quest)
회사명: hublab	
유료/무료 여부: 무료	**주요 기능:** - 광범위한 명화 컬렉션: 레오나르도 다 빈치, 빈센트 반 고흐, 클로드 모네등 1,000여 점의 저명한 예술가 작품 - 고해상도 3D 표현: 선명한 색상과 정교한 디테일 - 가이드 투어: 역사적 및 예술적 배경을 제공

■ 모나리자 감상하기

	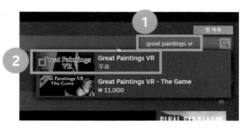
1) Great Paintings VR은 STEAM에서 실행되므로, 먼저 STEAM 플랫폼을 설치한 후, STEAM을 실행한다. (STEAM 설치 및 실행 방법은 부록을 참고)	2) 우측 상단의 ① 검색창에 'Great Paintings VR'을 입력한 후, 표시된 목록에서 ② 해당 애플리케이션을 선택한다.

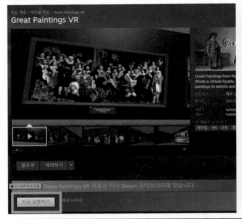

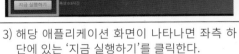

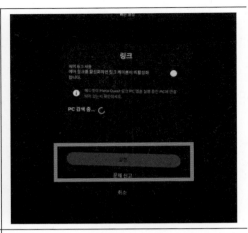

3) 해당 애플리케이션 화면이 나타나면 좌측 하단에 있는 '지금 실행하기'를 클릭한다.

4) STEAM을 실행하려면 헤드셋을 착용한 후, PC와 헤드셋을 유선 또는 무선 링크 기능으로 연결해야 한다.

5) 그레이트 페인팅 VR(Great Paintings VR)이 실행된다.

6) 전성기 르네상스(High Renaissance)의 레오나르도 다빈치를 선택하여 모나리자가 전시된 화실로 이동한다.

7) 모나리자 그림 앞에 서서 관찰한다.

8) 돋보기 기능을 이용해서 모나리자의 입가를 확대해서 살펴보자. 다 빈치는 '스푸마토' 기법을 사용하여 모나리자의 미소가 보는 각도에 따라 다르게 보이도록 표현했다. 부드러운 명암 처리를 통해 경계선을 흐릿하게 만들어 표정에 신비로움을 더했다.

9) 이번에는 모나리자의 눈을 확대해 그녀의 시선을 따라가 보자. 다 빈치는 눈동자에 정교한 하이라이트를 추가함으로써 생동감을 극대화했다. 마치 모나리자가 자신을 바라보는 듯한 착각을 일으킨다.

10) 모나리자의 배경은 자연 풍경과 인공 구조물이 조화롭게 배치되어 있다. 이렇게 함으로써 모나리자와 주변 환경이 서로 연결되어 있음을 보여 주려고 했다.

■ 최후의 만찬 감상하기

1) 이번에는 레오나르도 다 빈치의 걸작, 최후의 만찬을 감상해 보자. 이 작품은 이탈리아 밀라노의 산타 마리아 델레 그라치에 성당 내 수도원 식당 벽에 전시되어 있으며, 실제 방문 시에는 사전 예약이 필수이다. 그러나 공간 컴퓨팅에서는 예약 없이 자유롭게 감상할 수 있다.

2) 이 작품은 가로 8.8m, 세로 4.6m의 거대한 크기로, 바로 앞에서 감상하면 너무 커서 한눈에 담기 어렵다.

3) 한눈에 작품 전체를 담기 위해 뒤로 물러서서 전경을 바라본다. 특히 돋보기를 활용하여 예수님의 얼굴을 살펴보자. 빛이 예수님의 얼굴에 집중하도록 표현하여 신성함을 강조한다.	4) 제자들을 살펴보면, 그들의 얼굴 표정과 몸짓이 각자의 감정적 동요와 혼란을 생생하게 드러낸다. 각 인물들은 예수님의 발언에 대해 대화하거나 논쟁하며 긴장감을 표현하고 있다.

5) 예수님의 복장은 빨간색과 파란색으로 구성되어, 인간성과 신성을 상징적으로 표현한다.	6) 전체 장면은 대칭적인 구도를 통해 안정감을 주면서도 중심에 위치한 예수님을 강조한다. 예수님을 중심으로 양쪽에 배치된 제자들은 각각의 자세와 움직임에도 불구하고 조화로운 구성을 유지하고 있다.

공간 컴퓨팅: 창작과 성장을 위한 기회

저자가 가상공간에서 그린 "메타세계"는 현재 저자의 회사 내 휴게실 겸 미술 갤러리에 전시되어 있다. 책을 쓰기 전에는 그림을 그리고, 전시회에 출품하고 전시할 생각이 없었다. 미술 비전공자로서 여러 장벽이 있었다. 그러나 책을 집필하며 공간 컴퓨팅 기술을 활용하면서 새로운 관점을 얻었다. 이 기술이 단순한 도구가 아니라 창작의 기회를 제공하는 강력한 수단이라는 점을 깨달았다.

현재 전시된 그림은 공간 컴퓨팅의 가능성을 보여 준다. 이 작품들은 단순한 디지털 미술이 아니라, 기술이 창작의 문턱을 낮추고 새로운 기회를 만들어 낸 결과물이다. 공간 컴퓨팅은 단조로운 일상에서 벗어나 새로운 경험을 가능하게 한다. 이 기술의 진정한 힘은 누구나 쉽게 도전하기 어려운 분야에 도전할 기회를 제공하는 것이다. 여러분도 이 기술을 활용해 새로운 영역에 도전해 보길 바란다. 자신의 가능성을 확장하는 기회가 될 것이다.

공간 컴퓨팅 헤드셋을 착용하면 시야가 가려져 키보드나 마우스 조작이 어렵다. 이런 환경에서 가상공간에서의 키보드 입력 방법을 살펴보자.

1. 공간 컴퓨팅 헤드셋 내 기본 탑재된 가상 키보드를 사용

공간 컴퓨팅 헤드셋 안에는 가상 키보드가 내장되어 있다. 가상공간에서도 아이디 입력, 메모 작성, 문서 편집 등 타이핑이 필요할 때가 많다.

입력이 필요하면 공중에 가상 키보드가 나타난다. 사용자는 핸드 컨트롤러로 키를 하나씩 눌러 입력해야 한다. 손동작 인식 기능도 있지만, 현실의 키보드처럼 빠르고 자연스럽지는 않다. 마치 독수리 타법처럼 느려서 긴 글을 입력하는 데에는 한계가 있다.

가상공간 속에서 가상 키보드의 사용

2. 실물 키보드를 가상에서 동일하게 불러서 사용

무선 블루투스 키보드를 공간 컴퓨팅 헤드셋과 연동해 사용할 수 있다. 이 방식은 실제 키보드를 가상공간에 3차원 콘텐츠로 그대로 재현하는 것이다. 헤드셋의 카메라가 키보드를 실시간으로 촬영하고, 이를 기반으로 가상공간의 같은 위치에 배치한다. 사용자의 손가락 움직임도 가상공간에서 그대로 보인다. 덕분에 실제 키보드를 치는 것처럼 입력할 수 있다.

그러나 모든 키보드가 이 방식을 지원하는 것은 아니다. 현재는 일부 모델만 호환되며, 이를 활용할 수 있는 애플리케이션도 제한적이다.

실제 키보드를 가상에 3차원 콘텐츠로 똑같이 구현 및 입력하는 모습 (출처: 메타)

3. 패스쓰루(Pass through) 기능을 이용하여 실물 키보드를 가상 환경과 혼합해서 사용

패스쓰루 기능은 현실을 가상공간에 있는 그대로 투영하는 기술이다. 헤드셋의 카메라가 현실 세계를 촬영하고, 이를 가상공간에 그대로 보여 준다. 덕분에 사용자는 가상공간에서도 현실의 사물을 볼 수 있다.

이 기능을 활용하면 가상공간에서도 실제 키보드를 사용할 수 있다. 헤드셋을 착용한 상태에서도 현실의 키보드가 그대로 보이기 때문이다. 또 다른 활용법도 있다. 헤드셋이 현실 환경을 그대로 보여 주면서 특정 부분만 가상으로 띄우는 방식이다. 예를 들어, 컴퓨터 화면만 가상으로 띄우고 주변 환경은 그대로 두는 것도 가능하다.

헤드셋 바깥 환경을 그대로 보여 주고 컴퓨터 화면만 가상으로 보여 주는 모습 (출처: 메타)

4. 음성 인식을 사용해서 입력

공간 컴퓨팅에서 입력을 쉽게 하는 방법 중 하나는 음성 인식이다. 많은 공간 컴퓨팅 애플리케이션이 이 기능을 제공한다. 손을 쓰지 않고도 간편하게 입력할 수 있다.

최근의 워드 프로세서에는 음성 인식 기능이 포함되어 있다. 사용자가 말을 하면 자동으로 타이핑된다. '줄바꿈', '삭제', '마침표' 같은 명령어도 음성으로 입력할 수 있다.

음성 입력은 키보드보다 편리할 때가 많다. 마치 비서가 옆에서 받아 적는 듯한 느낌을 준다. 글의 흐름을 정리하거나 아이디어를 빠르게 기록할 때는 음성 인식이 유용하다. 최근에는 인식률도 높아져 오타가 거의 없다. 특히 MS 워드는 공간 컴퓨팅 환경에서도 한글 음성 인식과 입력을 지원한다.

MS워드의 받아쓰기 기능을 이용해서 음성 입력하는 모습

현재 시점에서 한글 처리에는 일부 제한이 있다. MS 워드는 공간 컴퓨팅 환경 내에서 한글 음성 인식이 가능하다. 하지만 구글 Docs는 컴퓨터에서는 음성 인식이 가능해도 공간 컴퓨팅에서는 음성 인식을 지원하지 않는다. 노다 애플리케이션은 한글 음성 인식을 지원한다. 반면, 스페이셜은 영어 음성 인식만 가능하다. 따라서 한글 처리가 필요한 경우 사전에 지원 여부를 확인해야 한다. 공간 컴퓨팅 헤드셋이 주로 해외 업체에 의해 개발되고 있기 때문에 한글 지원이 늦어지는 단점이 있다.

3장

창의성에서 확장으로:

3D 기술로 창작의 범위 넓히기

3.1 공간 컴퓨팅에서 3D 모델 업무에 적용하기

https://www.youtube.com/watch?v=yWjkpdTWKro&t=4s
QR코드를 스캔하면 내용을 쉽게 이해할 수 있도록 제작된 유튜브 동영상을 시청하실 수 있습니다.

01 설계: 고대부터 현재까지

2D 설계의 역사와 한계

오랫동안 기술자들은 아이디어를 즉시 눈앞에서 보고 만져 보기를 원했다. 하지만 기존 방식에는 한계가 있었다. 제품을 만들려면 먼저 설계를 해야 했고, 이 과정에서 많은 시간과 비용이 들었다. 새로운 디자인일수록 설계에 더 많은 시간이 필요했다.

아이디어를 시각적으로 표현하는 설계 과정은 오래된 역사다. 초기 인류는 바위나 바닥에 그림을 그려 아이디어를 표현했다. 기원전 2000년경 메소포타미아에서는 신전 건축을 위해 설계도를 조각상에 새겼다. 라가시의 왕 구데아Gudea 는 신전의 평면도를 조각상에 남겼다.[9] 이는 2D 설계의 초기 사례로 평가된다.

---

9) LouvreBible. (2025). Architect with a Plan and Gudea, Prince of Lagash. (https://louvrebible.org.uk/oeuvre/102/louvre_departement_antiquites_orientales)

신전의 평면도 (출처: 프랑스 루브르박물관 - https://collections.louvre.fr/)

오늘날에도 2D 설계는 여전히 필수적이다. 현재는 CADComputer Aided Design 소프트웨어를 활용해 디지털로 설계를 진행한다. CAD는 설계 자동화, 오류 검출, 시뮬레이션 기능을 제공하지만, 기본 개념은 종이에 그리던 방식에서 발전한 것이다.

2D 설계는 직관적이고 효율적이지만 입체적인 사물을 평면에 표현하는 데 한계가 있다. 특히 복잡한 구조물이나 움직이는 부품을 설계할 때 2D 도면만으로는 형태를 완벽히 이해하기 어렵다.

여러 부품이 맞물리는 기계 설계에서는 부품 간 간섭을 고려하기 어려워 오류 발생 가능성이 크다. 조립 과정에서 부품이 맞지 않거나 예상과 다르게 작동할 수 있다. 이를 수정하는 데에도 추가적인 시간과 비용이 든다. 이러한 문제를 해결하기 위해 3D 설계가 도입되었다.

3D 설계로의 전환과 한계

3D 설계는 제품의 형상을 실제처럼 표현하여 2D 설계의 한계를 극복한다. 설계자는 3D 모델을 통해 입체적인 형태를 직관적으로 이해하고, 부품 간 결합이나 간섭 여부를 쉽게 검토할 수 있다.

오늘날 자동차, 건축, 항공, 전자제품 등 다양한 산업에서 3D 설계를 적극 활용한다. 과거에는 설계를 마친 후 단계별 제작이 필요했지만, 3D 모델링 소프트웨어를 사용하면 설계와 검증을 동시에 진행할 수 있다. 시제품을 만들기 전에 구조와 기능을 테스트할 수 있어 설계 오류를 줄이고 개발 시간을 단축할 수 있다.

　3D 모델링 소프트웨어는 용도에 따라 다양하게 사용된다. 대표적으로 솔리드웍스 SolidWorks, 레빗Revit, 스케치업SketchUp, 카티아Catia, 인벤터Inventor 등이 있다. 3D 모델링 소프트웨어는 직관적인 인터페이스와 뛰어난 시각화 기능을 제공한다. 설계 자는 X축, Y축, Z축을 활용해 공간상의 위치를 정확하게 표현할 수 있으며, 내부 구 성 요소까지 확인할 수 있다. 이는 복잡한 구조물을 설계할 때 특히 유용하다.

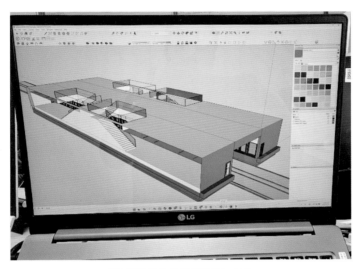

3D 설계 툴로 설계하고 있는 모습

　그럼에도 불구하고 3D 설계 툴도 여전히 한계는 있다. 아무리 3D로 설계하더라도 우리가 보는 모니터 화면은 2D로 된 평면이기 때문이다. 우리가 프린터로 출력하는 종이 역시 2D 평면이다. 3D로 아무리 설계를 잘했다고 하더라도 여전히 2D로밖에 볼 수 없다. 따라서 우리에겐 3D로 설계된 모델을 직접 3D로 볼 수 있는 기술이 필요 하다.

3D TV의 실패와 공간 컴퓨팅에서의 부활

　한때 3D TV가 유행했던 적이 있다. 3D 입체 안경을 쓰면 TV 속 물체가 입체로 보였 다. 시청자는 TV 속 현장에 있는 듯한 몰입감을 느꼈다. 제조사들은 이를 미래의 표준 으로 홍보했다. 하지만 3D TV의 인기는 잠깐이었다. 지금은 시장에서 거의 사라졌다.

실패 이유는 여러 가지다. 3D 콘텐츠 부족, 입체 안경의 불편함, 높은 가격, 화질 저하, 방송 표준화와 전송 규격의 문제가 있었다. 특히 3D 콘텐츠 부족은 결정적이었다. 소비자들은 비싼 제품을 샀지만 3D 방송이 적었다. 결국 시장에서 외면받았다. 현재 TV 제조사들은 3D 대신 초고해상도와 사실적인 색상 구현에 집중하고 있다. 더욱 선명한 화질과 자연스러운 색감이 3D보다 더 높은 만족감을 줄 수 있기 때문이다.

그러나 3D 기술이 다시 주목받고 있다. 공간 컴퓨팅의 확산 때문이다. 공간 컴퓨팅은 실제 같은 가상공간을 만들기 위해 3D 기술을 필수적으로 활용한다.

02 생각을 가상공간에서 손끝으로 빚어내기

3D 모델링

3D 모델링은 현실 세계의 복잡한 형태를 디지털로 재현하는 작업이다. 먼저 물체의 기본 형태를 만든다. 그다음 색깔과 질감을 추가해 자연스럽게 표현한다. 마지막으로 빛과 그림자를 적용해 더욱 실제처럼 보이게 만든다. 이러한 과정을 거쳐 영화, 게임, 건축 디자인 등에서 활용되는 생생한 3D 이미지가 만들어진다.

3D 모델링된 주택 모델의 예

위의 주택 모델은 스케치업Sketchup을 사용해 제작되었다. 스케치업은 트림블Trimble에서 개발한 3차원 설계 도구이다. 간단한 인터페이스와 높은 사용성을 제공한다. 설계자는 키보드와 마우스를 사용해 모델의 각도를 조정하며 정면, 측면, 위쪽 등 다양한 뷰를 확인한다. 마우스 드래그와 회전 기능을 이용해 원하는 방향으로 조정하며 3D 구조를 2D 화면에서 설계한다.

3D 모델을 2D 모니터 화면을 통해 쳐다보고 있는 모습

3차원 가상공간에서의 3D 모델링

2D 모니터의 화면을 보면서 3D 설계를 하는 대신, 가상공간 안에서 직접 모델을 만들 수 있다면 어떨까? 공간 컴퓨팅 기술의 발전으로 이런 방식의 모델링 툴이 등장하고 있다. 그중 하나가 그래비티 스케치Gravity Sketch다.

그래비티 스케치는 Gravity Sketch라는 회사에서 개발한 애플리케이션이다. 이 모델링 툴은 손을 이용해 3D 모델을 만들고 편집할 수 있다. 3D 모델을 손으로 집어서 찰흙을 빚듯이 형태를 다듬을 수 있다. 머릿속 아이디어를 3차원 공간에 그대로 구현하는 것이 가장 큰 특징이다.

헤드셋을 착용하면 가상의 작업 공간이 펼쳐진다. 사용자는 몰입형 가상공간에서 자유롭게 3차원 모델을 제작한다. 먼저, 가상공간에 선을 그리듯 스케치를 하고 볼륨을 추가해 입체 모델을 만든다. 사용자는 스케치 속 공간에 형태를 채워 넣으며 3D 모델을 완성한다.

가상공간 안에 들어가 3차원 모델을 있는 그대로 바라보며 작업하는 장면

직관적인 가상공간 3D 모델링

가상공간에서 3D 모델을 만들면 모델의 모든 면을 자유롭게 조작할 수 있다. 기존 방식은 한 번에 한 면만 작업할 수 있지만, 가상 환경에서는 전면, 후면, 측면을 동시에 확인하면서 수정할 수 있다. 덕분에 작업 시야가 넓어지고 설계 과정이 더욱 직관적이 된다.

손으로 직접 조작하는 방식은 창의성을 자극한다. 마우스나 키보드 없이, 찰흙을 빚듯이 형태를 만들고 수정할 수 있다. 마음에 들지 않는 부분은 즉시 떼어내거나 다시 붙일 수 있다. 원하는 형태가 나올 때까지 자유롭게 다듬을 수 있다.

전통적인 차량 설계에서는 스케치를 바탕으로 실제 크기의 목업Mock-up 모델을 제작한다. 이 과정에서도 찰흙이나 나무를 사용하며, 제작에는 상당한 시간과 비용이 소요된다. 그러나 가상공간에서는 이런 모델을 즉시 만들어 수정할 수 있다.

나무나 찰흙 등으로 차량 목업을 만드는 과정 (출처: 현대자동차), 실물 크기에서 작업

가상공간에서 작업하면 설계된 모델을 실물 크기로 확인하며 작업할 수 있다. 기존 컴퓨터 화면에서는 축소된 형태로만 보여 크기나 비율을 직관적으로 이해하기 어려웠다. 그러나 가상 환경에서는 실제 크기의 모델을 눈앞에 두고 직접 체험하며 설계할 수 있다.

예를 들어, 차량 설계에서 운전자의 손이 핸들까지 닿는 거리, 창문의 높이, 운전석 시야 확보 등을 실제처럼 경험하며 조정할 수 있다. 설계자는 가상공간에서 차량 내부에 직접 앉아볼 수 있다. 자신의 손을 뻗어 핸들이나 대시보드 스위치까지 닿는 거리를 확인할 수 있다. 이를 통해 인체공학적으로 설계를 다듬고 최적화할 수 있다.

가상공간에서 3D로 설계된 차량을 검증하는 모습 (출처: 현대자동차)

다양한 파일 형식과 후속 작업의 연결성

초기 아이디어 스케치나 개념 디자인 단계에서는 그래비티 스케치Gravity Sketch와 같은 툴이 유용하다. 직관적인 인터페이스를 활용해 빠르게 3D 모델을 구성할 수 있다. 이후 이를 블렌더Blender나 유니티Unity와 같은 고급 모델링 및 렌더링 툴로 내보내 후속 작업을 진행한다.

블렌더나 유니티와 같은 전문 도구를 활용하면 현실감 있는 조명과 텍스처를 추가하고, 고품질 3D 이미지를 생성할 수 있다. 가상공간에서 상호 작용할 수 있는 콘텐츠도 제작할 수 있다.

이처럼 다양한 모델링 툴 간의 호환성은 창작자가 폭넓은 결과물을 만들어 낼 수 있도록 한다.

실습하기 - 가상공간에서 손으로 빚어 3D 모델 만들기: 그래비티 스케치 (GRAVITY SKETCH), 랜딩패드(LANDING PAD), 블렌더(BLENDER), 큐라(ULTIMAKER CURA)

GRAVITY SKETCH로 3D 모델 만들기

<table>
<tr>
<td rowspan="2"></td>
<td colspan="2">그래비티 스케치(GRAVITY SKETCH)</td>
</tr>
<tr>
<td colspan="2">가상현실 디자인 플랫폼</td>
</tr>
<tr>
<td></td>
<td colspan="2">작동 기기:
- Meta Quest
- STEAM VR (HTC Vive, Windows MR, Oculus Rift)
- PC의 Landing Pad에서 작업 확인</td>
</tr>
<tr>
<td rowspan="2">회사명:
Gravity Sketch</td>
<td>홈페이지:
https://gravitysketch.com/</td>
<td>[QR코드]</td>
</tr>
<tr>
<td>https://landingpad.me/user/files
※ 이 주소로 접속하여 가상공간에서 작업한 내용을 PC에서 모델 검토 및 데이터 교환 가능</td>
<td>[QR코드]</td>
</tr>
<tr>
<td>유료/무료 여부:
무료</td>
<td colspan="2">주요 기능:
- 3D 스케치: VR에서 실시간 아이디어 표현 및 디자인 생성
- 협업: 가상 스튜디오에서 공동 작업 및 피드백 교환
- 플랫폼 지원: VR 헤드셋과 데스크톱 모두 사용 가능
- 클라우드 서비스: 디자인 파일 저장 및 장치 간 접근 가능
- Landing pad를 이용해 PC와 연동</td>
</tr>
</table>

■ 앱을 실행하고 시작한다.

1) ❶을 클릭하여 실행한다.

2) 이어 열리는 메뉴에서 '스케치 시작하기'를 누른다.

■ 스포츠카를 손으로 빚어 만들어 본다.

그래비티 스케치는 다양한 기능을 제공하며, 이를 익히려면 일정한 학습과 연습이 필요하다. 여기서는 그래비티 스케치를 활용해 스포츠카를 제작하는 과정의 핵심 장면을 중심으로 설명한다.

보다 심화된 사용법이 필요하다면, 아래 QR코드를 스캔하여 그래비티 스케치 유튜브 채널에 접속한다. 영상으로 상세한 작동법을 확인할 수 있다.

https://www.youtube.com/@GravitySketchYouTube/featured

또한, 컨트롤러의 명칭과 그래비티 스케치의 기본 사용법은 아래 QR코드를 스캔하여 학습할 수 있다.

https://help.gravitysketch.com/hc/en-us/articles/19823735929117-Gravity-Sketch-Glossary

① 자동차 위치와 크기 레퍼런스 잡기

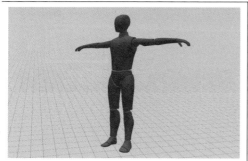

1) 자동차 위치와 크기의 기준을 잡기 위해 실제 사람 크기와 동일한 운전자 마네킹을 배치한다. 그래비티 스케치에는 실제 사람 크기와 유사한 실물 크기의 마네킹이 포함되어 있다.

2) 마네킹이 적합한 운전 자세를 취할 수 있도록 자세를 조정한다. 운전자가 편안하게 운전할 수 있는 자세를 탐색한다.

3) 자동차 바퀴가 놓일 위치를 원통으로 표시한다. 이후 그릴 자동차의 모양과 타이어 크기를 고려하여, 타이어가 배치될 자리에 원통을 미리 표시해 둔다.	4) 뒷바퀴의 위치도 앞바퀴 위치를 복사하여 붙여 넣는 방식으로 표시한다.

② 평면에 스케치 하기

1) 평면(단면도) 그리기 모드로 전환한다. 설정한 평면위에 자동차 외형의 단면을 스케치한다.	2) 스케치를 정교하게 그릴 필요는 없다. 떠오르는 대로 자유롭게 스케치한다.

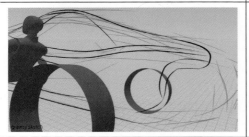

3) 그려진 스케치를 바탕으로 선을 수정하는 작업을 진행한다. 공간에 그려진 스케치 선은 자유롭게 휘거나 줄여서 조정할 수 있다.	4) 최종적으로 원하는 스케치 선을 확정한 뒤, 나머지 불필요한 스케치 선들은 제거한다.

③ 공간에 스케치하기

1) 평면에 그려진 스케치는 평면에만 존재하므로 이를 3차원 공간으로 복사하여 이동시켜야 한다.

2) 평면에 그려진 스케치를 선택한 뒤 복사하여 차체의 왼쪽 끝면과 오른쪽 끝면으로 그대로 수평 이동시킨다.

3) 빈 공간에 추가로 스케치를 추가한다. 수평 이동시킨 스케치를 조정하여 차량의 앞쪽과 뒤쪽이 자연스럽게 이어지도록 선을 조정하고 위치를 맞춘다.

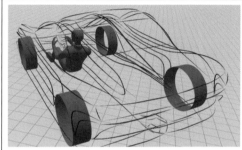

4) 평면 스케치에서 세밀하게 그려지지 않은 부분은 공간에 선을 추가로 그려 보완한다.

④ 차체 만들기

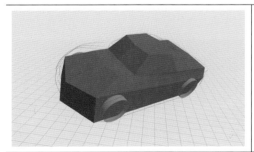

1) 스케치가 완료되면, 그려진 스케치를 기반으로 차체를 제작한다. 먼저 사각형 박스를 준비하고, 준비한 박스를 스케치 내부에 배치한다.

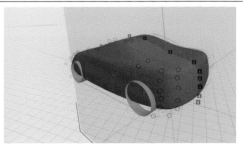

2) 대략적인 사각형 박스 배치가 완료되면 Sub-D 모드로 변환한다. Sub-D는 Sub Division의 약자로, 점과 점 사이의 직선을 자체 로직에 따라 부드러운 곡선으로 변환해 주는 기능이다.

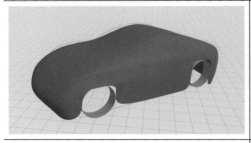

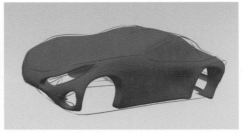

3) 차량의 형태를 찰흙으로 도자기를 빚어내듯 다듬어 스케치한 형태대로 만들어 나간다. 차량의 바닥 부위는 잘라 낸다.

4) 차량의 라이트나 그릴이 위치할 공간을 잘라 낸다. 이후 차량의 형체를 스케치에 맞추어 세밀하게 다듬어 나간다.

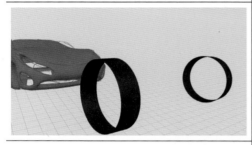

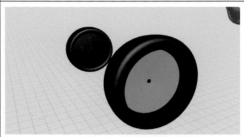

5) 원통 그리기 모드를 이용해서 자동차 타이어 부분을 그린다.

6) 타이어 속을 메워 채우고, 타이어의 형태를 정교하게 갖추어 나간다.

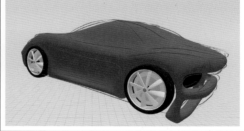

7) 타이어 알로이 휠도 채워 넣는다. 복잡해 보이지만 대칭 기능을 활용하면 손쉽게 그릴 수 있다.

8) 완성된 타이어를 복사하여 붙여넣기 기능을 사용해 차체의 앞바퀴와 뒷바퀴 위치에 배치한다.

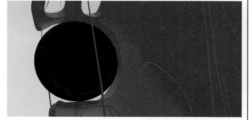

9) 자동차 바퀴나 라이트 등을 배치하기 위해 차체에 뚫어 놓은 공간의 뒤쪽을 메운다. 실제 자동차 제작 과정에서도 이 뒤쪽 공간은 부품 조립과 격리를 위해 막혀 있는 구조로 되어 있다.

10) 라디에이터 그릴이 위치할 부분도 별도로 그려서 막아 준다.

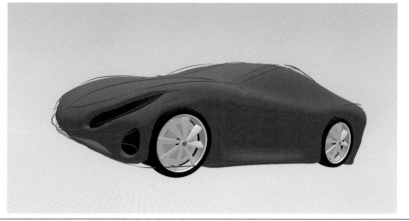

11) 차체에 뚫려 있는 부분은 모두 막아 준다.

⑤ **천장 및 천장 필러**천정 기둥부 **만들기**

1) 천장을 만들기 위해 그려진 차체를 그대로 복사하여 차량 위에 배치한다. 천장은 유리로 만들 예정이다.

2) 복사된 차체에서 유리 천장으로 사용할 부분을 제외한 나머지를 모두 제거한다.

3) 차량 차체에서도 유리 천장이 위치할 부분을 제거한다.

4) 유리 천장으로 사용할 부분의 재질을 유리로 변경한 뒤, 그대로 이동시켜 차체와 결합시킨다.

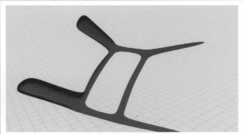

5) 천장 필러(기둥부)를 만들어 준다. 천장 필러는 자동차 전복 시 천장이 우그러지지 않도록 지지하여 승객을 보호하는 역할을 한다. 유리 천장과 결합되므로 앞서 만들었던 유리 천장을 사용해 작업을 진행한다. 이를 위해 유리 천장을 다시 복사한다.

6) 천장 필러가 위치할 부분만 남기고, 나머지 유리 부분은 모두 제거한다.

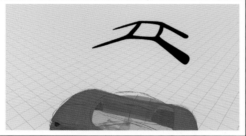

7) 필러 기둥이 입체적인 형태가 되도록 두께를 추가하여 입체적으로 만들어 준다.

8) 만들어진 필러 기둥을 이동시켜 유리 천장 부위와 결합한다.

⑥ 라이트 만들기

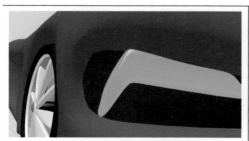

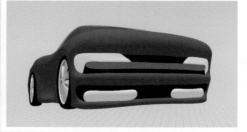

1) 라이트를 별도의 부품으로 제작한 후 차량에 부착한다.

2) 라이트를 차량에 부착할 때 위치를 정확하게 조정하여 알맞게 배치한다.

3) 차량의 전면부에도 동일하게 라이트를 부착한다.

⑦ 조립선 그리기

1) 자동차의 몸체는 하나로 이루어져 있지 않다. 실제 차량 제조 과정에서는 여러 장의 철판이 조립되어 완성된다. 따라서 철판이 결합되는 조립선을 차량의 각 부분에 그려 넣는다.

2) 차량의 도어 및 도어와 함께 개폐되는 유리 부분 역시 마찬가지로 조립선을 추가해 준다.

⑧ 차량 실내 만들기

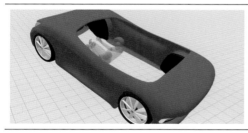

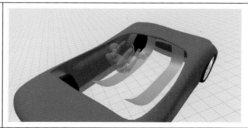

1) 차량 실내를 쉽게 그리기 위해 천장 부분을 감춰 보이지 않게 설정한다. 각 차량의 부위를 Layer로 나누면, 원하는 부분을 표시하거나 감출 수 있다.

Layer 기능은 여러 부위가 서로 섞이지 않도록 작업 부위를 구분해 주는 역할을 한다. 이를 통해 아무리 복잡한 구조라도 원하는 부분만 선택하여 작업하거나 표시할 수 있다.

2) 실내 바닥의 위치를 설정한다. 미리 배치시켜 앉아 있는 운전자를 기준으로 실내 바닥이 될 평면을 그려 준다.

3) 실내 바닥을 원활히 작업하기 위해 차량 몸체를 Layer 기능으로 감춘다. 그런 다음, 실내 바닥에 그린 평면에 두께를 추가하여 입체적으로 만든다.

4) 실내 형상이 어느 정도 완성되면 차량 몸체를 다시 표시하고, 실내 형상의 위치를 전체적인 차량 모양과 조화를 이루도록 조정하여 배치한다.

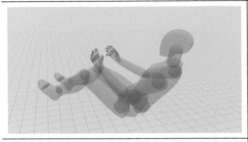

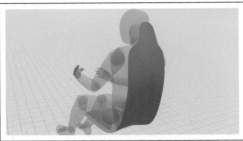

5) 시트를 그리기 위해 처음에 만들어 배치해 두었던 실제 크기의 운전자 마네킹을 차량의 앞쪽으로 이동시켜 배치한다.

6) 운전자 마네킹의 체형에 맞추어 인체 공학적으로 의자의 접촉 평면을, 몸과 맞닿는 부분을 따라 그려 준다.

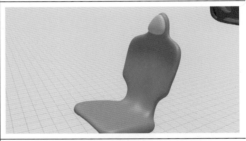

7) 그려진 의자의 접촉 평면에 두께를 추가하여 실제 의자 형태를 갖추도록 다듬는다.

8) 목과 등 뒤에 부착될 쿠션 부위도 추가로 만들어 준다.

9) 완성된 시트를 차량 실내에 적절히 배치하여 붙여 넣는다.

10) 차량 내 콘솔을 포함한 실내의 여러 부위를 그린다. 먼저 평면을 설정하여 각 부위의 위치를 잡는다.

11) 그려진 실내 부위의 평면에 두께를 추가하여
실제 모습을 갖춘다. 차량 도어 부위에도 평
면을 그려 위치를 맞춘다.

12) 차량 도어뿐만 아니라 의자 등 뒤 리어 패널
부위에도 평면을 그려 위치를 설정한다. 이
후, 두께를 추가하여 실제 모습을 갖추도록
다듬어 나간다.

13) 의자와 의자 사이의 센터 터널과 신체가 맞닿
는 부분은 쿠션을 추가하고 두께를 주어 형태
를 완성한다.

14) 센터 터널 위와 도어에 원목 재질로된 장식용
가니시를 부착한다.

15) 핸들도 차량 운전자의 손 위치에 맞춰 핸들
모양의 평면을 그려 위치를 설정한다. 최근
유행하는 U자 형태의 요크 스티어링 휠 형태
로 그려본다.

16) 핸들 평면에 두께를 추가하여 실제 두께와 형
태를 갖추도록 다듬어 나간다.

⑨ 차량 바닥 메꾸기

1) 마지막으로 차량의 바닥을 메운다. 바닥 평면을 그려 위치를 잡는다.	2) 그려진 바닥 평면에 두께를 주고 차량의 형태에 맞게 다듬는다.

⑩ 완성시키고 살펴보기

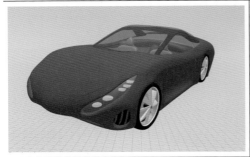 

1) 완성된 차량을 살펴본다.	2) 조명과 재질을 바꿔 보며 최종 완성 여부를 판단한다.

3) 배경을 바꿔 가며 살펴본다.	4) 다른 배경으로도 바꿔 본다.

만들어진 모델을 PC에서 살펴보며 협업하기

그래비티 스케치에서 만든 3D 모델은 헤드셋 없이도 확인할 수 있다. 모든 모델은 클라우드 기반의 LandingPad에 저장된다. 그래서 PC의 웹 브라우저를 통해 쉽게 관리할 수 있다.

LandingPad는 단순한 파일 저장 공간이 아니다. 디자이너가 작업의 연속성을 유지하면서 언제 어디서든 작업물을 다룰 수 있게 한다. PC에서 LandingPad에 접속하면 헤드셋에서 작업한 모델이 그대로 저장된 것을 확인할 수 있다. 필요하다면 3D 파일 외에도 참조 이미지나 추가 리소스를 업로드하여 헤드셋에서 연속해서 작업할 수 있다.

	랜딩패드(LANDING PAD)
	그래비티 스케치와 3D 모델을 상호 교환
	※ 이 애플리케이션은 공간 컴퓨팅 애플리케이션이 아니다. 다만, 그래비티 스케치에서 만든 3D 모델을 PC에서 이어가며 작업할 수 있게 해주는 클라우드 기반 솔루션이다.
	작동 기기: - Windows - MacOS - Linux
회사명: Gravity Sketch	**홈페이지:** https://landingpad.me/ 　　　[QR코드]
유료/무료 여부: 기본 기능 무료 (추가 기능 필요시 유료)	**주요 기능:** - 그래비티 스케치와 통합을 통해 가상공간에서 PC로 작업 흐름 지원 - 스케치 및 3D 파일을 관리, 보기 및 공유 가능 - 브라우저를 통해 스케치와 3D 파일을 확인하고 다운로드 가능 - 다른 사용자와 파일을 공유하여 협업할 수 있음.

1) 브라우저로 랜딩패드 홈페이지로 접속한다. 위의 QR코드로 접속하거나 landingpad.me 로 접속한다.	2) 헤드셋에서 작업한 모델 목록이 표시되며, 그 중 확인하고 싶은 모델을 선택하여 클릭한다.
	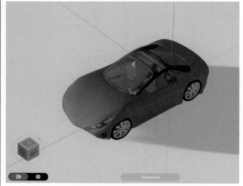
3) 헤드셋에서 작업한 3D 모델이 PC 화면에 그 대로 표시된다.	4) 환경을 변경하며 자유롭게 살펴본다. 팀원을 초 대해서 PC에서 함께 공유하며 살펴볼 수 있다.

만들어진 모델을 3D 프린트해 보기

3D 프린트하려면 먼저 3D 모델이 필요하다. 여기서는 그래비티 스케치에서 제작한 스포츠카 3D 모델을 활용한다.

3D 프린터는 STL 확장자를 가진 파일을 출력할 수 있다. STL은 Stereo Lithography의 약자로, 3D 모델의 외형을 표현하는 표면 데이터를 의미한다. 이 데이터는 수많은 삼각형으로 구성된다. 삼각형이 많을수록 유선형 표현이 매끄럽다.

그래비티 스케치는 OBJ, FBX, IGES 확장자의 파일 형태로 내보내기를 지원한다. STL 확장자 파일은 지원하지 않는다. 하지만 블렌더와 같은 무료 3D 모델링 애플리케이션을 사용하면 쉽게 변환할 수 있다. 예를 들어, 블렌더에서 OBJ, FBX, IGES 파일을 가져와 STL로 변환한 뒤 내보낼 수 있다. 변환 과정은 가져오기Import와 내보내기Export 기능을 사용하면 된다. 다음 단계대로 진행해 보자.

① 그래비티 스케치에서 파일 내보내기

그래비티 스케치에서 3D 모델을 블렌더로 전송하기 위해 FBX 확장자 파일로 Export해 보자.

> * FBX.fbx 확장자 파일은 Autodesk에서 개발한 3D 파일 형식이다. 모델링, 애니메이션, 텍스처, 조명 등의 데이터를 포함한다. 다양한 3D 소프트웨어와 게임 엔진에서 호환되는 범용 포맷이다.

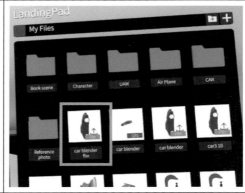

1) 완성한 3D 모델에서 ❶ 'Export'를 클릭하고 ❷ 'Blender modeling'을 클릭 후 ❸ 확인을 누른다.	2) 헤드셋 내의 Landing pad에 FBX 확장자 파일로 생성된 모델을 볼 수 있다. PC에 있는 Landing pad에서도 FBX 확장자로 생성된 모델을 동일하게 볼 수 있다.

② 블렌더에서 파일 변환하기

그래비티 스케치에서 내보낸 FBX 확장자 파일을 블렌더로 가져와 STL 확장자 파일로 변환해 보자.

> * STL.stl 확장자 파일은 3D 프린팅 및 CAD 소프트웨어에서 사용되는 파일 형식이다. 모델의 형상을 삼각형 면으로 표현하며 색상이나 재질 정보 없이 기하학적 구조만 저장한다.

	블렌더(BLENDER)
	오픈 소스 3D 그래픽 제작
	※ 이 애플리케이션은 공간 컴퓨팅 애플리케이션이 아니다. 다만, 그래비티 스케치에서 생성된 확장자 FBX 파일을 3D 프린트가 가능한 STL 확장자로 변환시키기 위해서 사용한다.
	작동 기기: - Windows - MacOS - Linux

회사명: Blender Foundation	홈페이지: https://www.blender.org/	[QR코드]

유료/무료 여부: 무료	주요 기능: - 3D 모델링: 다양한 기하학적 모델링 - 애니메이션: 키프레임, 모션 패스, 리깅으로 복잡한 애니메이션 제작 기능 - 렌더링: 고품질 렌더링 엔진으로 사실적인 이미지와 영상 생성 - 시뮬레이션: 유체, 연기, 입자, 천등 물리 기반 시뮬레이션 지원

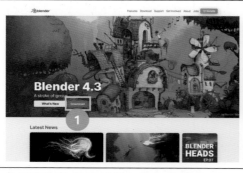

1) 블렌더 홈페이지에 접속한다. 위의 QR코드로 접속하거나 www.blender.org로 접속한다. 그 후 ❶을 클릭하여 다운로드 페이지로 들어간다.	2) ❷를 클릭하여 원하는 버전을 다운로드하여 설치한다.

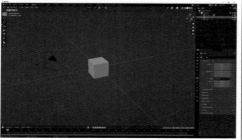

3) 블렌더를 실행한다.

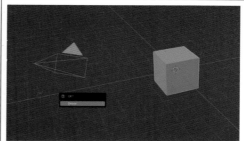

4) 기본으로 떠있는 모델과 카메라를 선택하여 삭제한다. A키를 눌러 화면상 모든 오브젝트를 선택 후 X키를 누른다.

5) 나타나는 팝업창에서 Delete 클릭하거나 Enter를 누르면 모든 오브젝트가 삭제된다.

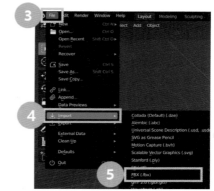

6) 상단 메뉴에서 ③ 'File' → ④ 'Import' → ⑤ '(.fbx)'를 선택하고 그래비티 스케치에서 내보내기 하여 만든 FBX 파일을 선택하여 불러온다.

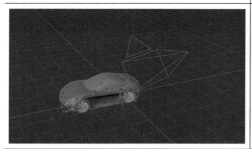

7) FBX 파일이 불러와진다.

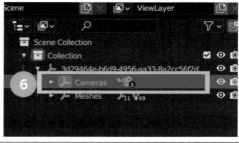

8) 변환할 모델을 제외하고 쓸데없는 오브젝트 (Cameras)를 제거한다. 오른쪽 상단 창에서 해당 오브젝트를 선택한다.

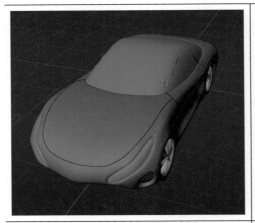	
9) 3D 프린트할 모델만 남겨 두고 모두 삭제한다.	10) 상단 메뉴에서 ⑦ 'File' → ⑧ 'Export' → ⑨ '(.stl)'을 선택하여 파일을 내보낸다.

③ 3D 프린트할 수 있는 슬라이스 파일 만들기

STL 파일이 준비되었다면, 3D 프린터가 작업할 수 있도록 슬라이스 작업을 진행해야 한다. 슬라이스 작업은 3D 모델을 얇은 층으로 나누는 과정이다. 이 과정을 통해 3D 프린터는 모델을 층층이 쌓아 출력할 수 있게 된다.

슬라이스 작업이 완료되면 G-Code가 생성된다. G-Code는 3D 프린터의 노즐 움직임, 프린팅 속도, 온도 등을 제어하는 명령어 집합이다. 3D 프린팅 애플리케이션에서 슬라이스 작업을 수행하면 G-Code가 자동으로 생성된다. 생성된 G-Code는 USB, SD 카드 또는 Wi-Fi를 통해 3D 프린터로 전송된다.

이 모든 작업을 진행하려면 3D 프린팅 애플리케이션이 필요하다. 여기서는 널리 사용되는 Ultimaker CURA를 이용해 작업을 진행한다. CURA와 연결된 3D 프린터에 G-Code 데이터가 전송되면 3D 프린팅이 시작된다.

3D 프린팅이 완료되면 출력된 모델과 함께 지지대도 함께 출력된다. 특히 하체가 좁고 상체가 넓은 구조를 가진 모델의 경우, 출력 중 상부 구조물이 무너질 수 있다. 이를 방지하기 위해 지지대가 함께 생성되어 출력된다.

출력된 모델에서 지지대를 제거하면 최종 결과물을 볼 수 있다. 지지대를 제거할 때는 핀셋이나 니퍼와 같은 도구를 사용할 수 있다. 이 과정에서 모델 표면이 손상되지 않도록 주의가 필요하다.

	큐라(ULTIMAKER CURA)
	3D 프린팅을 위한 슬라이싱 ※ 이 애플리케이션은 공간 컴퓨팅 애플리케이션이 아니다. 다만, 3D 프린팅을 위하여 3D 모델을 층(Layer)으로 나누어 3D 프린터가 인식할 수 있는 G-Code로 변환한다. **작동 기기:** - Windows - MacOS - Linux

회사명: Ultimaker	홈페이지: https://ultimaker.com/ko/software/ultimaker-cura/	[QR코드]

유료/무료 여부: 무료	주요 기능: - 400개 이상의 설정을 통해 3D 모델의 슬라이싱과 프린팅 결과 조정 기능 - Solid works, Siemens NX, Autodesk Inventor등과의 CAD 플러그인 통합 - STL, OBJ, X3D, 3MF등 파일 형식 지원

1) ULTIMAKER CURA 홈페이지로 접속한다. 위의 QR코드로 접속하거나 앞서의 주소로 접속한다. 그 다음 ① 다운로드를 클릭하여 다운로드 페이지로 들어간다.	2) 자신의 PC에 맞는 버전을 다운로드하여 설치한다.

3) CURA를 실행한다.	4) 상단 메뉴에서 'File' → 'Open File'을 선택하고 블렌더에서 내보낸 STL 파일을 선택하여 불러온다.

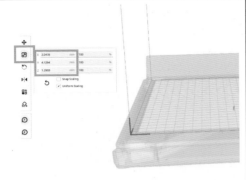

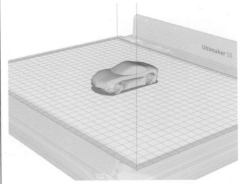

| 5) 좌측 SCALE 기능을 이용하여 모델의 크기를 조정한다. | 6) 실제 출력될 크기의 모델로 조정된다. |

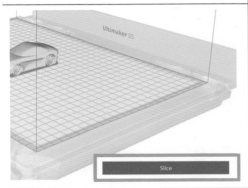

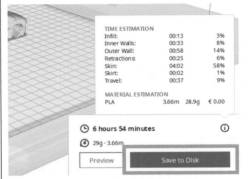

| 7) 우측 하단의 'Slice' 버튼을 클릭한다. 3D 모델 데이터를 3D 프린터가 이해할 수 있는 명령어인 G-CODE로 변환한다. | 8) 인포메이션 창에서 3D 프린팅에 걸리는 소요 시간, 모델의 크기, 필라멘트 사용량을 확인할 수 있다. 'Save to Disk'로 생성된 G-CODE를 SD카드나 USB 드라이브에 저장한다. 이 G-CODE를 3D 프린터로 보내면 3D 프린트 작업을 시작한다. |

앞서 모델링한 스포츠카를 실제로 3D 프린트하여 완성한 모습의 예

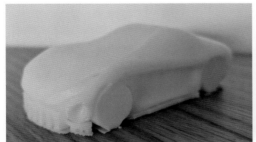

* 차량 하단의 지지대 분리 전의 모습

3D 프린트를 해 볼 수 있는 장소

3D 프린트를 하기 위해 3D 프린터를 반드시 구매할 필요는 없다. 필요에 따라 대여할 수 있는 장소가 있다. 일부는 완전히 무료로 이용할 수 있다. 또 재료비만 내면 되는 곳도 있다. 이런 장소를 잘 활용하면 누구나 3D 프린트를 경험할 수 있다.

메이커 스페이스 (열린 제작실)

· 메이커 스페이스는 대중에게 유료 또는 무료로 제작 도구 및 공간을 개방하여 자유롭게 무엇이든 만들어 볼 수 있도록 하는 공간이다.
· 레이저 커터기, CNC머신, 전동톱, 드릴, 3D 프린터, 용접기 등 개인이 사용할 수 있는 다양한 설비를 보유하고 있다.
   * 3시간의 3D 프린터 기초 교육을 이수하면 무료로 사용이 가능
   * 2022년 기준 전국 213개소 전문 랩 20개, 일반 랩 193개

무한상상실

· 대중의 창의력과 아이디어를 발굴하고 창작 활동을 지원할 수 있는 공간. 과학관이나 테크노파크, 대학교, 주민센터, 공공 도서관에 설치하여 운영 중이다.
· 레이저 커터기, CNC머신, 종이 커팅기, 3D 프린터 등 다양한 제조 장비를 보유하고 있다.
   * 전문가가 상주하면서 장비 사용법 교육
   * 전국 13개 시도

3.2 공간 컴퓨팅 시연과 협업의 확장

01 존재하지 않는 제품을 동작시키기

설계 이해의 어려움

엔지니어링 업무에서 설계도는 필수적이다. 모든 작업자는 설계도를 기준으로 의사소통하며 업무를 진행한다. 설계도는 명확하고 이해하기 쉽게 작성되어야 한다. 설계도가 불명확하거나 오류가 있으면 작업 지연과 재작업이 발생한다. 이는 시간과 비용 낭비로 이어진다. 더 심각한 경우, 안전사고나 법적 분쟁으로 발전할 수도 있다.

엔지니어링 업무에는 기술자뿐만 아니라 클라이언트와 여러 이해관계자가 참여한다. 이들 중 일부는 기술적 배경이 부족해 설계 문서를 이해하기 어렵다. 따라서 비전문가도 쉽게 이해할 수 있도록 하는 과정이 필요하다.

건축물 축소 모형 이미지

이를 위해 설계 단계에서 목업이나 프로토타입을 제작하는 경우가 많다. 목업은 설계 문서만으로는 의사소통하기 어려운 부분을 보완한다. 아크릴, 찰흙, 나무, 종이 등으로 제작된다. 설계 내용을 시각적으로 확인할 수 있어 효과적이다.

그러나 목업도 설계와 제작, 설치 과정이 필요하므로 시간과 비용이 소요된다. 대규모 프로젝트에서는 목업 제작이 어려울 수 있다. 예를 들어, 200미터 길이의 지하철 승강장이나 500미터 높이의 초고층 빌딩은 실제 크기의 목업을 만드는 것이 불가능하다. 축소 모형을 만들 수 있지만, 축소된 목업으로는 설계의 모든 영향을 완벽히 확인하기 어렵다. 또한, 목업이 정교할수록 수정과 재제작에 더 많은 비용과 시간이 필요하다.

최근에는 이러한 단점을 보완하기 위해 3D 프린터를 활용하는 방법이 도입되고 있다. 그러나 3D 프린터로도 대규모 구조물을 구현하기는 어렵다.

공간 컴퓨팅 가상공간을 이용한 시연

공간 컴퓨팅에서는 실제 크기의 모형을 구현할 수 있다. 정교한 모델을 가상공간에서 시연하면 도면이나 그림보다 직관적으로 이해할 수 있다.

실물 크기로 확대하면 건물 내부를 실제로 걸어 다니며 검토할 수 있다. 공간 컴퓨팅 헤드셋과 VR 스케치를 사용하면 가능하다. 기존에 스케치업이나 레빗 같은 3차원 설계 툴에서 제작된 모델을 가상공간에서 바로 확인할 수 있다.

또한, 3D 모델을 작은 장난감 크기로 축소할 수 있다. 축소된 모델은 손에 쥐고 여러 각도에서 살펴볼 수 있다. 이런 작업 방식은 전체 구조를 빠르게 이해하는 데 효과적이다.

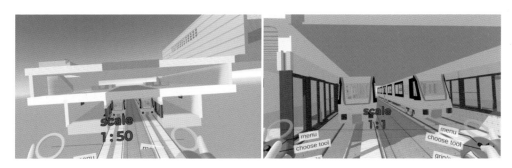

가상공간에서 다양한 크기로 3D 모델을 살펴보는 모습

사용자는 가상공간에서 장비나 구조물을 직접 작동시켜 움직임을 확인할 수 있다. 이를 통해 미래의 기능과 설계를 검토하고, 예상치 못한 문제를 사전에 발견해 개선할 수 있다.

또한, 다른 구조물이나 사물과의 상호 작용을 실시간으로 확인하며 설계의 유효성을 평가할 수 있다. 이를 통해 더욱 정교하고 최적화된 설계를 구현할 수 있다.

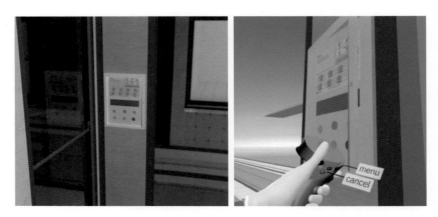

가상공간에서 모델링한 제품을 실제처럼 작동시켜 보는 모습

02 전 세계 엔지니어와 연결된 검토

공간 컴퓨팅에서 검증

가상의 3D 목업을 만들었다면 설계 검증이 필요하다. 설계 검증은 모델이 요구 사항과 기준을 충족하는지 확인하는 과정이다.

VR 스케치 VR Sketch 를 사용하면 다양한 작업이 가능하다. 이 애플리케이션은 Baroque Software team에서 개발했으며, 스케치업 Sketchup 과 호환된다. 스케치업에서 만든 3D 모델을 공간 컴퓨팅 헤드셋으로 전송해 가상공간에서 확인할 수 있다.

스케치업에서 mm 단위로 정교하게 설계한 모델은 가상공간에서도 동일한 정밀도로 확인된다. 사용자는 가상공간을 걸어 다니며 설계상의 문제를 표시하고 기록할 수 있다. 가상공간 속에서 사진 촬영도 가능하다. 3D 모델을 가상공간에서 직접 수정할 수도 있다. 가상공간에서 수정된 내용은 컴퓨터의 스케치업 3D 모델에도 그대로 반영된다.

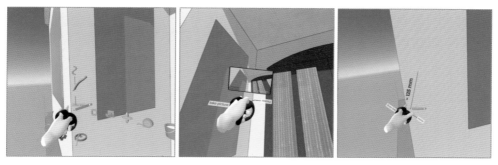

좌: 자를 포함한 다양한 설계 검토 기능, 중간: 필요한 부분에 사진을 찍는 모습
우: 검토하는 3D 모델에 직접 선을 그리는 모습

전 세계 엔지니어 불러 모으기

설계 검토자가 영국에 있든, 중동에 있든 관계없이 같은 가상공간에서 협업할 수 있다. 각자의 헤드셋에 VR 스케치를 설치하고, ID를 공유하면 가상공간에 아바타로 나타난다. 설계 검토자는 서로를 바라보며 대화를 나누고, 설계 오류나 수정이 필요한 부분을 즉시 확인할 수 있다.

이렇게 공간 컴퓨팅을 활용하면 핵심 설계자를 여러 지역으로 출장 보낼 필요가 없다. 핵심 설계자는 여러 프로젝트에서 중요한 역할을 맡고 있지만, 수요가 많아 쉽게 대체하기 어렵다. 이로 인해 한 명의 설계자가 여러 지역을 오가며 일해야 하는 경우가 많다. 그러나 공간 컴퓨팅 헤드셋을 착용하면 설계자는 전 세계 어디서든 가상공간에 접속해 실시간으로 협업할 수 있다. 이를 통해 시간과 비용을 절감하면서도 핵심 설계자의 역량을 더욱 효과적으로 활용할 수 있다.

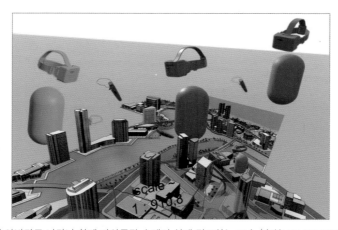

가상공간에 아바타로 나타나 함께 가상공간 속에서 설계 검토하는 모습 (출처: VR SKETCH 홈페이지)

공간 컴퓨팅을 활용한 설계, 검토, 유지 보수의 혁신

공간 컴퓨팅과 가상공간은 실제 업무에서 다양한 방식으로 활용된다. 특히 기업이 제품과 솔루션을 고객에게 효과적으로 전달하는 데 유용하다. 고객에게는 제품 설명보다 문제를 해결하는 방식을 보여 주는 것이 더 효과적이다.

가상공간에서는 설계 검토를 더욱 정밀하게 수행할 수 있다. 고객과 엔지니어가 3D 모델을 직접 확인하고, 문제를 미리 발견할 수 있다. 설계 변경 논의도 추상적인 수준에서 구체적인 수정 작업으로 발전한다. 이를 통해 설계 초기에 리스크를 식별하고 해결할 기회를 늘릴 수 있다.

3D 모델을 활용한 시뮬레이션은 설계뿐만 아니라 장비, 인력, 설치 과정까지 시각적으로 검토하는 데 효과적이다. 예를 들어, 대형 모형을 창고에 몇 대 보관할 수 있는지, 작업자의 이동 동선이 충분한지 등을 가상공간에서 직접 확인할 수 있다.

가상공간에서는 거대한 모형도 손으로 쉽게 집어 이동시키며 배치를 검토할 수 있다. 복잡한 설치 절차가 예상보다 더 많은 공간을 차지하는지도 사전에 점검할 수 있다. 이러한 방식은 자칫 문서나 2D 설계도로 놓칠 수 있는 부분을 보완한다.

유지 보수 단계에서도 가상공간을 활용하면 비용 절감과 리스크 관리가 가능하다. 문제 발생 시, 시각적으로 즉각 확인하고 해결책을 시뮬레이션할 수 있다. 특히 전통적인 유지 보수 교육은 이론 중심 강의로 진행된다. 하지만 가상공간에서 3D 모델을 직접 다루는 방식은 실습 중심의 학습을 가능하게 한다. 이를 통해 작업자의 숙련도를 높이고, 초기 유지 보수의 실수를 줄일 수 있다.

공간 컴퓨팅은 단순한 기술을 넘어 프로젝트 성공의 핵심 요소가 된다. 이를 활용하면 기업은 고객의 신뢰를 얻고, 안정적이며 효율적인 프로젝트 수행이 가능하다.

실습하기 - 가상공간에서 설계 검토하기: 스케치업(SKETCHUP), VR 스케치(VR SKETCH)

VR Sketch는 SketchUp의 플러그인으로 제공된다. 먼저 SketchUp을 설치한 뒤, 'Extension Manager' 기능을 사용하여 VR Sketch 플러그인.rbz 파일을 선택해 설치한다. 이후 SketchUp에서 3D 모델을 생성하거나 다른 소프트웨어에서 만든 3D 모델을 SketchUp으로 가져온다. 마지막으로 VR Sketch로 전송해 가상공간에서 모델을 확인한다.

	스케치업(SKETCHUP)	
	건축, 인테리어, 조경, 제품 디자인 등을 위한 3D 모델링 소프트웨어	
	※ 이 애플리케이션은 공간 컴퓨팅 애플리케이션이 아니다. 설치된 VR 스케치 Plugin을 통해 3D 모델을 가상공간에 표출하도록 해 준다.	
	작동 기기: - Windows - MacOS	
회사명: Trimble	홈페이지: https://www.sketchup.com	[QR코드]
유료/무료 여부: 7일간 평가판 무료 (이후 유료 전환)	주요 기능: - 간단한 도구로 3D 모델을 쉽게 생성 및 편집 - 전 세계 공유 3D 모델을 다운로드해 활용 가능. - LayOut으로 프레젠테이션 및 건축 도면 제작 지원. - Extension Warehouse로 플러그인 추가 및 맞춤 환경 구축	

■ 스케치업 설치하기

1) 스케치업 홈페이지로 접속한다. 위의 QR코드로 접속하거나 앞서의 주소로 접속한다. 그후 ① 무료 평가판 시작하기를 클릭하여 다운로드 페이지로 들어간다.	2) 회원 가입을 하고 로그인을 한다.
	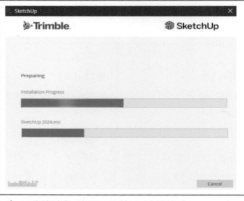
3) 다운로드하기 전에 간단한 설문조사를 한다.	4) 스케치업을 다운로드하고 설치한다.

⬡ VR Sketch	VR 스케치(VR SKETCH)
	가상현실 3D 모델 협업 플랫폼
	작동 기기: - Meta Quest - HTC VIVE - PICO

회사명: Baroque Software	홈페이지: https://vrsketch.eu/index.html	[QR코드]

유료/무료 여부: 무료(상업용 사용 시 유료)	주요 기능: - 3D 모델링 및 편집: VR에서 드로잉 등 다양한 도구로 3D 디자인 생성 및 수정 - 실시간 동기화: SketchUp과 VR 간 변경 사항 즉시 반영 - 협업 지원: 다중 사용자 실시간 공동 작업 가능 ※ 스케치업과 연동 필요

■ VR 스케치 Plugin을 스케치업에 설치하기

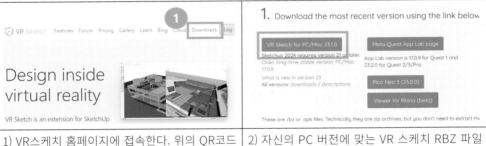

1) VR스케치 홈페이지에 접속한다. 위의 QR코드로 접속한다. 그 후 ❶ 'Downloads'를 클릭하여 다운로드 페이지로 들어간다.	2) 자신의 PC 버전에 맞는 VR 스케치 RBZ 파일을 다운로드하여 설치한다.

3) 스케치업을 연다.	4) 스케치업의 메뉴에서 ❷ 'Window'를 클릭하고 ❸ 'Extension Manager'를 호출한다.

5) Extension Manager의 'Install Extension'을 누르고 앞서 다운로드한 VR 스케치 RBZ 파일을 설치한다.

■ VR 스케치에 3D 모델 전송해서 가상공간에서 살펴보기

1) 먼저 스케치업(SketchUp)에서 3D 모델을 불러온다. 스케치업에서 Dynamic Component로 제작된 모델은 VR 스케치에서도 동일하게 동작한다.

(Dynamic Component는 SketchUp의 3D 모델에 애니메이션 기능을 구현한 것이다. 본서에서는 공간 컴퓨팅의 범위에 집중하기 위해 Dynamic Component 제작 과정은 생략한다. 자세한 내용은 스케치업 사용법을 참고하길 바란다.)

2) Dynamic component로 된 3D 모델이어서 스케치업에서 애니메이션 기능으로 동작한다. 커버가 열리는 애니메이션이 구현된다.

3) ①을 클릭하여 실행한다.

4) VR 스케치의 작업 공간으로 들어간다.

5) 스케치업에서 ② 'Extensions'을 누르고 앞서 설치한 ③ 'VR Sketch'를 클릭한 후 ④ 'Send to VR on Oculus Quest'를 클릭한다. 이렇게 하면 3D 모델이 VR 스케치로 전송되어 나타난다.

6) VR 스케치에서 Dynamic component 효과가 적용된 모델을 컨트롤러를 이용해 손으로 그랩해서 실제로 집어 볼 수 있다.

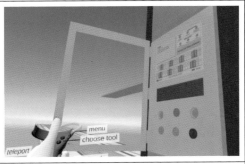

7) VR 스케치에서는 실제 현실과 같이 커버를 손으로 직접 열어 볼 수 있다.

8) 양손의 컨트롤러를 쥐고 Scale을 조정하여 모델의 크기를 변경할 수 있다.

9) 녹색 가이드 위치 선을 따라 Teleport (순간 이동) 할 수 있다.

10) 검토 기능을 이용하여 3D 모델에 직접 그림을 그리거나 메모를 추가할 수 있다.

금형 제작 생산의 문제

3D 프린터는 3차원 모델을 현실에 그대로 출력하는 장치이다. 3차원으로 설계된 디지털 모델을 생산하게 준다. 반면, 공장에서 생산에 일반적으로 사용하는 방식은 금형 제작 방식이다. 금형은 물건의 형태를 본떠 만든 틀이다. 동일한 형태의 제품을 반복적으로 생산할 수 있게 한다. 예를 들어, 붕어빵 틀은 금형의 대표적인 사례다. 금형에 녹인 금속, 유리, 플라스틱 등을 넣어 굳힌 뒤 원하는 모양의 제품을 만든다. 플라스틱 제품의 대부분이 금형 틀로 제작된다.

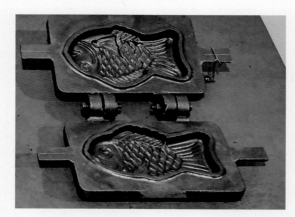

붕어빵틀 사진 (출처: 서울역사박물관 온라인전시관 "청계천 기계공구상가전")

금형은 대량 생산에 매우 효과적이다. 금형 제작 과정은 복잡하고, 시간과 비용이 많이 든다. 하지만 금형이 완성된 후에는 반복적으로 물건을 생산하는 작업이 단순해진다. 문제는 소량 생산이다. 몇 개의 제품만 만들기 위해 금형을 제작하면 금형 제작 비용을 회수하기 어렵다.

복잡한 구조나 형태를 가진 제품은 금형만으로 제작하기 힘든 경우가 많다. 이럴 때는 절삭 가공이나 추가 제조 공정이 필요하다. 금형 제작 후 수정 사항이 생기면 상황은 더 복잡해진다. 수정된 사항을 반영하려면 금형을 처음부터 다시 제작해야 할 수도 있다. 3D 프린터는 이러한 제조업의 한계를 극복할 수 있게 해 준다.

3D 프린터의 종류

3D 프린터는 1986년 처음 상용화되었다. 당시에는 가격이 너무 비싸 일반 대중이 사용하기 어려웠다. 그러나 2005년 영국의 아드리안 보이어 교수가 RepRap 프로젝트[10]를 시작하며 상황이 바뀌었다. RepRap은 'Replicating Rapid Prototype'의 약자다. 오픈소스를 활용해 3D 프린터 부품을 공유하고 누구나 3D 프린터를 제작할 수 있도록 장려하는 프로젝트다. 이 프로젝트는 3D 프린터 기술 확산의 기폭제 역할을 했다. 이후 3D 프린터 관련 주요 특허가 만료되며 기술은 급격히 대중화되었다.

오늘날 3D 프린터는 단순한 개인 용도를 넘어 다양한 산업에서 활용되고 있다. 신발, 의료 보조기, 항공기 및 차량 경량화 부품, 단종된 부품의 대체 생산까지 폭넓게 쓰인다. 3D 프린터는 출력 방식에 따라 여러 종류로 나뉜다. 그중 가장 널리 사용되는 방식은 FDM, SLA, SLS다. 각 방식의 특징은 아래와 같다.

1) FDM(Fused Deposition Modeling) 방식

FDM은 용융 적층 방식으로 부른다. 뜨거운 노즐을 이용해 플라스틱 원료를 녹여 적층하는 방식이다. 녹인 원료는 실과 같은 형태로 층을 만든다. 한 층이 굳으면, 다시 뜨거운 노즐로 다음 층을 쌓는다. 이런 과정을 반복해 구조물을 완성한다.

이 방식은 원리가 단순하다. 3D 프린터의 동작 방식을 이해하기도 쉽다. 하지만 단점도 있다. 정밀도가 낮고 출력 시간이 오래 걸린다. 또한, 층을 쌓아가며 제작하므로 결과물 표면에 층의 결이 드러나 품질이 떨어질 수 있다.

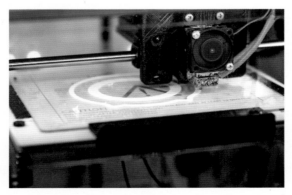

FDM 방식으로 출력하는 모습

---

10) Bowyer, Adrian. "About Adrian Bowyer." Adrian Bowyer Official Website, (https://adrianbowyer.
   com/wp/about/)

2) SLA(Stereo Lithography Apparatus) 방식

광경화성 수지 조형 방식이다. 레진이라는 액체 형태의 플라스틱을 재료로 사용한다. 레진이 담긴 통에 자외선 레이저를 쏘면, 레이저와 닿은 레진이 광경화 작용으로 고체로 굳는다. 이 과정에서 한 층이 형성된다. 이후 다시 레진을 공급하고, 레이저를 쏘는 작업을 반복한다. 이런 과정을 통해 층을 하나씩 쌓아 올린다. 레이저를 사용하기 때문에 정밀도가 매우 높다. 또한, 출력 속도가 빠르다.

광경화 작용을 활용하기 때문에 출력물 표면도 매끄럽다. 이 특성 덕분에 의료 기기나 가전 부품 제작에 많이 활용된다. 그러나 이 방식은 구조상 개인이 사용하기 어렵다. 작동이 까다로운 점도 한계로 작용한다. 특히 레진은 냄새가 심하고 인체에 유해하다. 따라서 환기가 잘되는 곳에서 사용해야 한다.

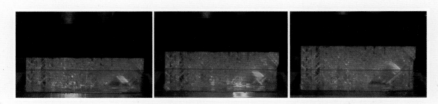

SLA 방식으로 출력하는 모습 (출처: www.hubs.com 홈페이지)

3) SLS(Selective Laser sintering) 방식

선택적 레이저 소결 방식SLS은 분말 형태의 플라스틱을 재료로 사용한다. 이 방식은 먼저 롤러로 분말을 얇은 층으로 펼친다. 그런 다음, 원하는 형태로 레이저를 쏘아 분말을 녹이고 굳힌다. 이 과정을 반복하면서 층을 하나씩 쌓아 나간다.

SLS 방식은 다양한 색상으로 출력할 수 있는 장점이 있다. 이 때문에 자동차, 기계, 선박 등 여러 산업 분야에서 사용된다. 그러나 단점도 있다. 출력 속도가 느리고 비용이 비싸다. 또한, 가공 과정에서 20~100 마이크로미터 크기의 미세한 분말이 발생한다. 이 분말은 발암 물질로 알려져 있어 환기에 특별히 주의해야 한다.

SLS 방식으로 출력하는 모습과 출력 후 분말을 털어내는 모습 (출처: www.formlabs.com 홈페이지)

4장

확장에서 타인과 연결로:

지식을 확장하고 발표로 연결하기

4.1 공간 컴퓨팅에서 학습하기

https://www.youtube.com/watch?v=VET8i1_z9To
QR코드를 스캔하면 내용을 쉽게 이해할 수 있도록 제작된 유튜브 동영상을 시청하실 수 있습니다.

01 과거에서 미래로: 교육의 변화와 도전

새로운 교육 환경의 가능성

과거의 교육은 지식 전달에 초점을 맞췄다. 산업 사회에서는 효율적인 노동력을 양성하는 것이 목표였다. 교사는 표준화된 내용을 가르쳤고, 학생들은 이를 암기했다. 시험을 치르고 평가받는 방식이 일반적이었다. 하지만 오늘날 세상은 빠르게 변화하고 있다. 다양한 분야가 융합되면서 예측하기 어려운 문제가 끊임없이 등장한다. 이제 암기만으로는 문제 해결이 어렵다. 중요한 것은 새로운 정보를 신속하게 찾아내는 능력이다. 그리고 복잡한 상황에 창의적으로 대응하는 역량이다.

디지털 기술의 급속한 발전으로 교육 환경도 크게 변화하였다. 이제 유치원생도 스마트폰을 사용하는 시대이다. 스마트 기기와 인터넷이 일상화되면서 학습자들은 언제 어디서나 다양한 자료에 접근할 수 있다. 이러한 변화에 맞춰 온라인 강의도 보편화되고 있다. 온라인 수업은 학습자들에게 편리함을 제공한다. 하지만 학생들이 수업 내용을 얼마나 이해하고 있는지 파악하기 어렵다. 또한, 교사가 각각의 학생에게 맞는 학습 방식을 빠르게 파악하는 것도 쉽지 않다.

1장

2장

3장

4장

5장

교육은 학생들이 비판적 사고와 문제 해결 능력을 기를 수 있도록 도와야 한다. 이를 위해 실제와 유사한 환경에서 체험하고 실습할 기회가 필요하다. 하지만 기존의 오프라인 수업이나 전통적인 온라인 학습만으로는 한계가 있다. 이런 문제를 해결할 수 있는 도구로 공간 컴퓨팅이 떠오르고 있다.

교육 매체로서의 공간 컴퓨팅

공간 컴퓨팅은 학습자 중심의 몰입형 학습 환경을 제공한다. 헤드셋을 활용하면 학습자는 필요한 내용을 선택적으로 학습하고, 부족한 부분을 반복 연습할 수 있다. 학습 과정은 자동으로 기록되어 개별 피드백을 받을 수 있다. 또한, 학습자들은 가상공간에서 아바타로 협업하며 현실과 유사한 문제 해결 과정을 경험할 수 있다.

공간 컴퓨팅은 몰입감과 현장감을 제공해 교육 효과를 극대화한다. 기존 원격 교육은 화상에서 자료를 공유하고 강의하는 수준에 머물렀다. 공간 컴퓨팅은 학습자가 가상공간에 직접 들어가 실제와 유사한 환경을 체험하도록 한다. 이를 통해 학습자는 현장감 있는 경험을 하며 깊이 있는 학습이 가능해진다. 실제로 몰입형 학습이 지식 유지율을 최대 75%까지 향상시킨다는 연구 결과도 있다.[11]

공간 컴퓨팅은 학습자의 능동적 참여와 협업을 촉진한다. 기존의 영상 시청이나 자료 읽기와 달리, 학습자는 가상공간에서 물체를 조작하거나 팀 프로젝트를 수행하며 적극적으로 참여한다. 또한, 다른 위치에 있는 학습자들도 가상공간에서 함께 협업할 수 있어 자연스럽게 협업 능력이 향상된다.

공간 컴퓨팅은 비용과 위험 부담을 줄이는 효과도 있다. 실험실 실습이나 현장 체험은 높은 비용과 안전상의 위험이 따른다. 가상공간에서는 이러한 부담 없이 다양한 시나리오를 시도해 볼 수 있다. 예를 들어, 분자생물학 실험을 반복하더라도 물리적 소모품을 사용할 필요가 없다. 의과 수술 훈련도 실제 환자에게 위험을 주지 않고 수술 시뮬레이션을 해 볼 수 있다.

이와 같이 공간 컴퓨팅은 학습자 중심, 체험 실습 중심, 사회적 상호 작용을 강조하는 전통적 교수학습 이론을 효과적으로 지원한다.

11) Data Bridge Market Research. "Companies are Scaling up Their Learning and Development by Adopting and Deploying Solutions of Extended Reality: AR-VR." Data Bridge Market Research, 2024. (https://www.databridgemarketresearch.com/reports/global-extended-reality-market)

02 공간 컴퓨팅에서 분자생물학의 학습

보이지 않는 공간을 쳐다보기

눈에 보이지 않는 미시 세계를 탐구하는 분야에서는 공간 컴퓨팅의 잠재력이 특히 크다. 이는 공간 컴퓨팅이 뛰어난 시각화 능력을 제공하여 복잡하고 추상적인 개념을 직관적으로 이해할 수 있도록 돕기 때문이다. 특히 과학, 의학, 공학 등 다양한 분야에서 이 기술의 활용 가치는 높으며, 그중에서도 분자생물학은 공간 컴퓨팅의 효과를 극대화할 수 있는 대표적인 사례이다.

이 학문은 세포 내부에서 단백질, DNA, RNA 같은 눈에 보이지 않는 분자들이 상호 작용하며 생명 활동을 이끄는 과정을 연구한다. 특히 단백질 구조를 이해하는 것은 생명 현상의 본질을 밝히는 데 필수적이다. 이 과정은 미세하고 복잡한 단계를 다뤄야 하기에 많은 시간이 요구된다.

단백질 구조 연구의 중요성은 여기서 그치지 않는다. 신약 개발과 질병 치료법을 찾는 데도 핵심적인 역할을 한다. 그러나 강의나 교과서만으로는 이를 충분히 이해하기 어렵다.

이러한 한계를 극복하기 위해 AI가 활용되고 있다. 대표적인 사례로 구글 딥마인드의 '알파폴드AlphaFold'가 있다. 알파폴드는 단백질 아미노산 서열로부터 3차원 구조를 예측하는 AI 프로그램이다. 이 기술은 단백질의 아미노산 서열만으로 3차원 구조를 빠르게 예측한다. 과거에는 과학자들이 이런 구조를 분석하려고 수년간 실험과 연구를 거쳐야 했다. 하지만 알파폴드는 이 과정을 며칠 또는 몇 시간 만에 끝낸다.

알파폴드(AlphaFold)를 개발한 구글 딥마인드 CEO와 연구원의
2024년 노벨 화학상 수상 발표 장면 (출처: 뉴시스 기사, 2024.10.9.)

가상공간에서 분자 구조 살펴보기

AI 기술과 함께 공간 컴퓨팅 역시 분자생물학 분야에서 중요한 역할을 한다. 공간 컴퓨팅은 보이지 않는 분자 구조를 시각화하여 이해하기 쉽게 만들어 준다.

예를 들어, Nanome과 같은 가상현실 애플리케이션은 DNA, 단백질, 화합물 등과 같이 미세한 분자들을 3D 모델로 시각화한다. 학습자들은 가상공간 속에서 분자 구조가 어떻게 상호 작용하는지 직접 볼 수 있다. Nanome은 미국의 동명의 스타트업에서 개발한 가상현실 소프트웨어이다.

분자는 3차원 공간에서 원자들이 특정한 방식으로 결합한다. 그러나 2D 이미지나 영상에서는 이러한 입체 구조를 정확하게 나타내기 어렵다. 특히 원자 간의 거리, 회전 가능성, 결합 각도 등의 정보를 평면적 표현으로 이해하기 힘들다.

Nanome은 분자 구조를 가상공간에서 직접 조작할 수 있게 해 준다. 예를 들어, 분자의 결합 위치를 가상의 손으로 움직일 수 있다. 결합 위치는 분자가 특정 지점에서만 연결되는 부분이다. 이는 퍼즐 조각이 정확히 맞아야 완성되는 원리와 같다. Nanome은 두 분자가 맞물리는 지점을 시각적으로 보여 준다. 이를 통해 결합이 왜 발생하는지 쉽게 이해할 수 있다.

또한, Nanome은 분자의 극성을 시각적으로 이해할 수 있게 한다. 극성은 분자 내부의 전자 배치가 불균형할 때 생긴다. 이로 인해 분자의 한쪽은 플러스, 다른 쪽은 마이너스 성질을 띤다. 극성 때문에 분자들은 서로 당기거나 밀친다. 이는 분자의 결합 여부를 결정하는 중요한 요소다.

기존에는 책이나 영상을 통해 이러한 개념을 상상해야 했다. 하지만 가상공간에서는 직접 결합 상태를 경험할 수 있다.

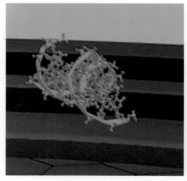

Nanome에서 DNA 분자 구조와 복제를 직접 살펴보며 학습하는 모습

가상공간에서 DNA와 단백질 탐구하기

DNA 역시 Nanome을 통해 실감 나게 학습할 수 있다. DNA는 생명체의 '설계도' 역할을 한다. 모든 유전 정보를 담고 있다. 그러나 이중 나선 구조와 복제 과정은 단순한 그림이나 동영상만으로 이해하기 어렵다.

DNA는 3D 형태를 가지며, 그 구조가 평면적으로 표현될 수 없는 복잡성을 지니고 있다. 이중 나선 구조는 마치 나선형 계단처럼 꼬여 있다. 염기쌍은 일정한 방식으로 결합하며 정보를 저장한다. 또한, DNA 복제 과정에서는 효소들이 결합하고, 나선이 풀리면서 새로운 가닥이 형성된다. 이 과정은 시간에 따라 변하는 동적인 과정이다.

하지만 전통적인 교과서의 2D 그림이나 동영상은 이러한 입체적 구조와 동적 과정을 충분히 표현하지 못한다. Nanome은 학습자가 DNA의 구조를 직접 살펴볼 수 있는 학습 환경을 제공한다. 학습자는 DNA 분자를 3D로 직접 돌려보고 확대하며, 복잡한 구조를 면밀히 관찰할 수 있다.

예를 들어, DNA의 이중 나선 구조가 왜 존재하는지 직접 확인할 수 있다. 이 구조가 생명 활동에서 어떤 역할을 하는지도 살펴볼 수 있다. 또한, 복제 과정에서 효소가 어떤 역할을 하는지도 볼 수 있다. DNA 나선이 풀리는 과정과 새로운 가닥이 합성되는 모습을 가상공간에서 관찰하면 복잡한 메커니즘을 쉽게 이해할 수 있다.

Nanome에서 DNA 분자 구조와 단백질 구조를 함께 보면서 학습하는 모습

가상공간에서 DNA와 단백질 구조를 동시에 살펴볼 수 있다. DNA 정보가 단백질로 변환되는 과정을 이해할 수 있다. 단백질은 DNA의 유전 정보를 바탕으로 만들어

진다. 아미노산이 긴 사슬처럼 연결된 구조로 시작한다. 이 사슬은 특정한 방식으로 접히며 3차원 구조를 형성한다. 이 3차원 구조가 단백질의 기능을 결정한다.

예를 들어, 어떤 단백질은 세포 내에서 화학 반응을 촉진한다. 또 어떤 단백질은 신호 전달 역할을 한다. 그러나 접힘 과정이 올바르게 이루어지지 않으면 단백질이 제대로 작동하지 않을 수 있다. 이는 알츠하이머나 파킨슨병 같은 질병과 연결될 수 있다. 이러한 복잡한 단백질의 접힘 과정을 가상공간에서 직접 관찰할 수 있다.

Nanome에서 단백질 접힘 구조를 자세히 살펴보는 모습

Nanome은 학습자들이 아바타로 가상공간에 들어와 분자 구조를 분석할 수 있도록 한다. 아바타로 들어온 학습자들은 의견을 주고받으며 협업과 토론을 진행한다. 서로 다른 지역에 있는 사람들도 동시에 참여해 생생한 소통이 가능하다. 결합 위치를 손끝으로 가리키고, 극성이나 에너지 상태를 실시간으로 논의할 수 있다.

실제 연구실에서는 분자의 상호 작용을 분석하기 위해 고가의 장비와 시약이 필요하다. 특정 분자 상호 작용을 확인하는 데 몇 주에서 몇 달이 걸리기도 한다. 실험이 실패하면 처음부터 다시 시작해야 한다. 이는 시간과 비용을 소모하게 만든다.

가상공간에서는 이런 진입 장벽이 사라진다. 고가의 장비나 시약 없이도 분자의 상호 작용을 즉각적으로 살펴볼 수 있다. 특히 머릿속에서만 상상해야 했던 3차원의 분자 구조를 눈앞에서 직접 확인하고 조작할 수 있다. 이러한 경험은 학습자의 기억에 오래 남아, 개념을 더 깊이 이해하도록 돕는다. 또한, 실전에서도 효과적으로 활용할 수 있도록 돕는다.

실습하기 - 가상공간에서 손으로 빚어 3D 모델 만들기: 나놈(NANOME)

	나놈(NANOME)	
Nanome	가상현실 분자 모델링 및 협업 플랫폼	
	작동 기기: - Meta Quest - HTC VIVE - PICO - STEAM VR (Windows MR, Oculus Rift) - Apple Vision Pro (예정)	
회사명: NANOME	**홈페이지:** https://nanome.ai/	[QR코드]
	https://home.nanome.ai/dashboard ※ PC와 헤드셋 간의 자료 공유	[QR코드]
유료/무료 여부: 개인 무료, 교육기관/연구용/기업용 유료	**주요 기능:** - 분자 데이터 연동: RCSB, PubChem 등에서 분자 데이터를 가져와 활용 - 분자 조작 및 분석: 손으로 분자 회전, 확대, 거리 및 각도 측정 가능 - 단백질 연구 지원: 아미노산 돌연변이 생성, 구조 최적화 기능 제공 - 실시간 협업: 전 세계 동료들과 가상 실험실에서 공동 작업 - 맞춤형 작업 공간: 작업 환경 설정 및 저장으로 프레젠테이션 활용 가능 - AI 활용 일상적 명령어 사용 기능	

■ 메뉴 구성 및 기본 기능 알아보기

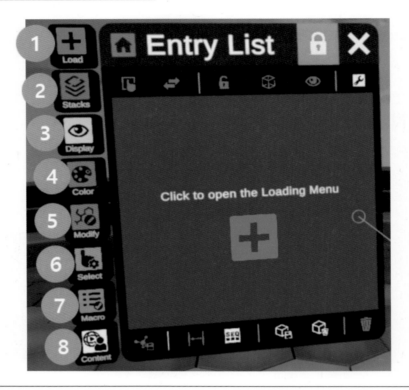

①	**Load**: 분자 구조 파일을 불러와 작업 공간에 로드
②	**Stacks**: Nanome의 플러그인 시스템으로, 추가 기능과 도구를 통합
③	**Display**: 분자 구조의 시각적 표현 방식을 설정
④	**Color**: 분자 구조의 색상을 지정
⑤	**Modify**: 분자 구조를 편집하거나 수정
⑥	**Select**: 특정 원자, 분자 또는 영역을 선택
⑦	**Macro**: 반복 작업을 자동화하기 위한 매크로
⑧	**Content**: 작업 공간에 추가적인 콘텐츠 관리

■ Action 메뉴 기본 기능 알아보기

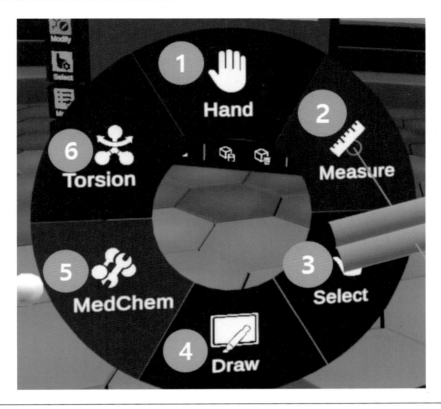

1	**Hand:** 가상 손 도구를 활성화하여 분자를 직접 조작
2	**Measure:** 원자 간 거리, 각도 등을 측정
3	**Select:** 특정 원자나 분자 부분을 선택
4	**Draw:** 그림 메모장에 메모나 그림 그리기
5	**MedChem:** 의약화학 관련 도구에 접근하여 분자 생성 및 수정 작업
6	**Torsion:** 분자의 결합 비틀림 각도를 조절

■ 앱을 실행하고 벤젠 만들어 보기

1) 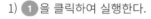을 클릭하여 실행한다.

2) ID와 패스워드를 입력해 로그인한다. 사전에 회원 가입이 완료되어 있어야 한다.

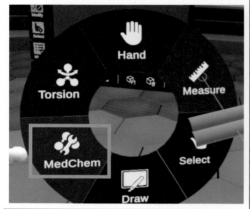

3) 유기 화학에서 탄소 원자 6개로 이루어진 고리 구조는 방향족 화합물의 대표적인 예이다. 이 제 탄소 원자 6개의 고리 구조를 생성시켜 보 자. 탄소 원자를 생성하려면 Action 메뉴에서 'MedChem'을 선택한다.

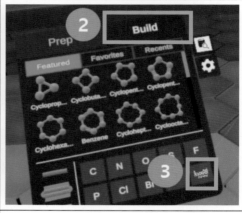

4) 이어서 열리는 Content 메뉴에서 ② 'Build' 를 선택하고, ③ 원소 주기율표를 누른다.

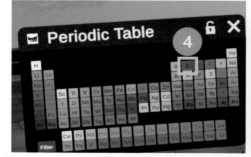

5) 원소 주기율표가 열리면, 탄소 원자를 생성하 기 위해 탄소를 나타내는 ④ C를 선택한다.

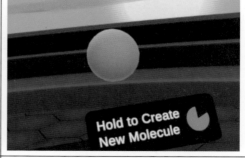

6) 오른손 컨트롤러의 트리거를 계속 누르고 있 으면 공중에 탄소 원자가 생성된다.

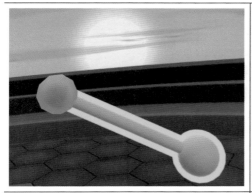

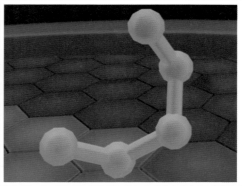

7) 생성된 원자에 이어서 컨트롤러를 연속으로 누르면 서로 결합된 원자를 생성할 수 있다. 이렇게 탄소 원자가 결합되어 형성된 구조는 분자가 된다.

8) 계속해서 연속으로 생성한다. 여기서 탄소 원자 간의 길이는 임의로 정해지는 것이 아니다. 탄소 원자 간의 결합 길이는 서로 끌어당기는 힘(인력)과 밀어내는 힘(반발력)이 서로 맞서는 지점에서 결정된다. 나놈에서는 이 길이도 실제처럼 계산해서 그려 준다.

1장

2장

3장

4장

5장

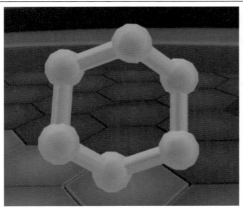

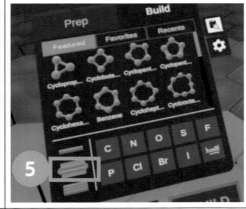

9) 탄소 원자 6개가 단일 결합으로 연결된 구조가 완성되었다. 이것은 사이클로헥세인(C_6H_{12})으로 6개의 탄소 원자가 고리 형태로 결합된 무색의 액체이다. 달콤한 냄새를 가지며 유기 용매로 자주 사용된다.

10) 이 탄소 간의 단일 결합을 단일 결합과 이중 결합이 교대로 배치된 구조로 변경해 보자. 이렇게 하기 위해서 Content 메뉴에서 ⑤ 이중 결합을 선택하자.

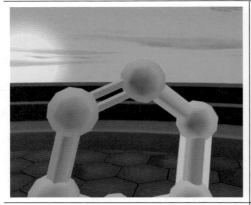

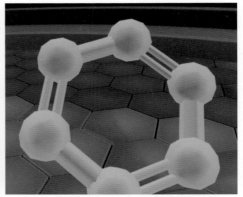

11) 실제 현실에서는 단일 결합을 이중 결합으로 변환하기 위해 고온(300~500℃)과 금속 촉매를 이용해 수소를 제거하는 탈수소화 반응이 필요하다.

하지만 여기서는 이런 복잡한 실험 없이 단일 결합 부분에 단순히 클릭만 함으로써 이중 결합이 교대로 배치된 구조를 간단히 구현한다.

12) 벤젠(C_6H_6)이 완성되었다. 벤젠은 6개의 탄소 원자가 고리 형태로 연결되고, 단일 결합과 이중 결합이 교대로 나타나는 특성을 가진 방향족 화합물이다. 그러나 여기서는 탄소 원자 6개만 보이고 수소 H는 보이지 않는다.

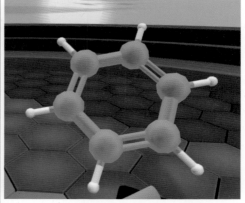

13) 완전한 벤젠 구조를 확인하기 위해 각 탄소 원자에 결합된 수소 원자도 표시하도록 설정하자. 이를 위해 Auto hydrogenes 옵션을 활성화해 보자. 이 기능을 사용하면 각 탄소 원자에 필요한 수소 원자가 자동으로 추가되어 분자의 완전한 구조를 시각화할 수 있다.

14) 수소가 추가된 완전한 벤젠 분자 구조의 모습이다. 벤젠의 분자 구조는 육각형 고리 형태로 눈으로 보기에도 탄탄한 구조를 갖고 있다. 플라스틱, 의약품, 염료 등 다양한 제품의 기본 재료로 활용되는 물질이다. 그러나 독성이 있으므로 주의해서 다루어야 하는 물질이다.

■ 원자간 거리 측정 및 분자 비틀림 해보기

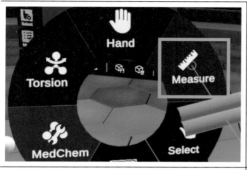

1) Action 메뉴에서 'Measure'를 선택한다.

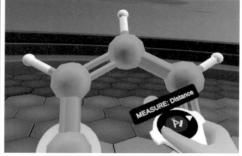

2) 거리(Distance) 옵션을 선택해 벤젠 분자에서 서로 마주보는 탄소 원자 사이의 거리를 측정해 보자. 벤젠 분자에서 마주보는 탄소 원자 간의 거리는 약 2.8옹스트롬(Å)이다.

참고로, 1옹스트롬(Å)은 매우 작은 길이를 나타내는 단위로, 이는 수소 원자의 지름 정도에 해당하는 길이이다.

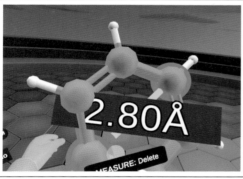

3) 실제 Nanome에서 측정해 보아도 마주보는 탄소 원자 간의 거리는 2.8옹스트롬(Å)으로 표시된다.

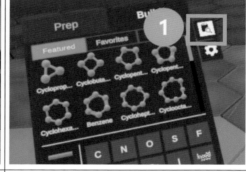

4) 분자 비틀림을 시도하기 위해 벤젠에 추가적인 분자를 결합해 보자. 추가할 분자를 선택하려면 ①'Library' 버튼을 클릭하여 다양한 분자를 탐색해 보자. 이를 통해 적합한 분자를 선택하고 벤젠에 결합시킬 수 있다.

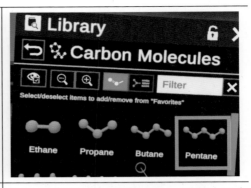

5) 여러 분자가 리스트로 표시되면, 라이브러리
에 등록된 탄소 분자(Carbon Molecules)를
선택한다.

6) 펜테인(C_5H_{12})을 선택해 보자. 그림에서 보이
는 것처럼 5개의 탄소 원자가 연결된 탄화 수
소로 일상에서 흔히 접하는 휘발유 성분이다.

7) 펜테인을 벤젠과 결합시키기 위해 펜테인 분
자를 벤젠의 수소 원자가 위치한 부분으로 이
동시킨다. 이렇게 하면 펜테인의 탄소 원자가
벤젠 고리의 수소와 치환 반응을 통해 결합할
준비를 한다.

8) 펜테인이 벤젠의 수소와 치환 반응을 통해 결
합하면, 펜틸벤젠($C_6H_5C_5H_{11}$)이 만들어진다.
이는 벤젠 고리에 펜틸기가 연결된 구조로, 방
향족 화합물의 특성을 유지하며 물에는 녹지
않고 유기 용매에 잘 녹는다. 이 화합물은 주로
화학 연구나 합성 공정에서 사용된다.

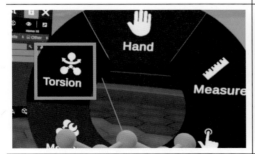

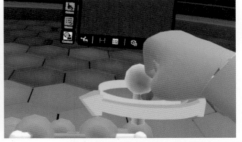

9) Action 메뉴에서 'Torsion'을 선택한다. 이렇
게 함으로써 분자 구조 내 결합의 비틀림 각도
를 조절해 볼 수 있다.

10) 분자의 비틀림 각도를 조절할 수 있는 영역에
서는 원형 화살표가 나타나며, 이를 손으로
잡아 분자를 직접 회전시킬 수 있다.

이 직관적인 조작 방식은 마치 분자를 손으로
만지는 것처럼 복잡한 분자 간의 상호 작용과
입체적 배치를 쉽게 이해할 수 있게 해준다.

03 공간 컴퓨팅에서 신체 내부 탐험하기

가상공간에서 살펴보는 인체

분자와 단백질은 너무 미세해 육안으로 관찰할 수 없다. 인체 내부는 그보다는 크지만 여전히 직접 관찰하기 어렵다. 복잡한 장기와 조직 구조를 학습하는 것도 쉽지 않다.

의학 분야는 단순히 책이나 강의로 배우는 것만으로는 부족하다. 실제적인 경험이 필수적이다. 학생들이 해부학 지식을 암기해도 수술실이나 응급 현장에서 바로 활용하기 어렵다. 실습을 위해 사체나 환자를 사용하는 데는 윤리적·법적인 문제가 따른다. 그래서 학습이 쉽지 않다.

이런 어려움을 해결할 수 있는 도구로 공간 컴퓨팅을 사용해 볼 수 있다. 대표적인 사례가 메디컬홀로덱Medicalholodeck이라는 가상현실 애플리케이션이다. 이 애플리케이션은 CT, MRI, X-ray 같은 의료 영상 데이터를 3D로 재구성한다. 사용자는 마치 인체 속으로 직접 들어간 듯한 몰입감을 경험한다. 이처럼 Medicalholodeck은 가상공간을 활용해 신체 내부를 직관적으로 탐색하게 돕는다.

예를 들어, 'Abdomen CT 379 슬라이스 모델'은 복부를 단층 촬영한 데이터다. 이 데이터는 379개의 얇은 단면으로 나뉘어 있다. 단면들은 실제 몸속을 층층이 나눈 것처럼 쌓여 있다. 사용자는 복잡한 복부 장기를 각각의 층별로 직접 관찰할 수 있다. 복부 구조와 장기 배치를 입체적으로 확인할 수 있다.

이 모델은 특히 의대생들에게 유용하다. 실제 복부 장기의 모습을 학습할 때 도움이 된다. 특정 질병의 병리학적 특징을 시각적으로 살펴보는 데도 적합하다.

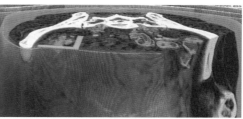

Abdomen CT 379 슬라이스 모델로 가상현실에서 복부를 살펴보는 모습

'4D Heart CT 368 슬라이스 모델'은 심장의 움직임을 시간의 흐름에 따라 보여 준다. 이 모델은 가상공간에서 심장을 눈앞에 있는 것처럼 표현한다. 심장이 실제로 박동하며 움직이는 모습까지 볼 수 있다.

이 기술은 심장을 368개의 얇은 단면 이미지로 나눈 데이터를 활용한다. 데이터는 실제 환자의 CT 촬영 영상을 기반으로 제작되었다. 따라서 정확한 심장의 구조뿐만 아니라 실제 박동하는 모습까지 정밀하게 보여 준다.

현실 세계의 정확성과 몰입감을 가상공간에 재현한다. 기존 2D 영상이나 해부학 도감으로는 심장의 움직임을 이해하기 어렵다. 가상공간에서는 박동하는 심장을 직접 보고 상호 작용할 수 있다. 학습자는 이를 통해 이론과 실제를 쉽게 연결할 수 있다.

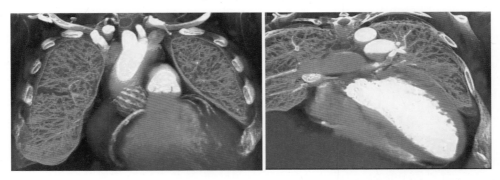

4D Heart CT 388 슬라이스 모델로 가상현실에서 실제 박동하는 심장을 각 단면별로 살펴보는 모습

의료 적용의 가능성과 과제

가상공간 애플리케이션은 수술 시뮬레이션에도 활용될 수 있다. 예를 들어, 복부 CT 데이터를 기반으로 가상공간에서 절개 위치를 미리 계획할 수 있다. 주변 신경과 혈관의 분포를 확인하며 수술 계획을 세울 수 있다.

공간 컴퓨팅 헤드셋과 컨트롤러를 사용하면 수술 절차를 실제처럼 시뮬레이션할 수 있다. 의료진은 실제 수술 전에 위험을 최소화하고 숙련도를 높일 수 있다.

또한, 협업과 실시간 토론 기능도 가능하다. 여러 의료진이 같은 가상공간에서 의견을 교환하며 수술 계획을 조율할 수 있다. 이는 팀 단위의 수술 훈련과 응급 상황 대응에도 기여한다. 궁극적으로 환자의 안전성을 높이는 데 도움을 준다.

초보 의대생들이 실제 수술실에 접근하기 어려운 현실도 극복할 수 있다. 다양한 수술 사례를 가상으로 경험하며 학습할 수 있다. 학생들은 가상공간에서 안전하게 실습할 수 있다. 이러한 과정은 학습 곡선을 단축하는 데 도움이 된다.

그러나 이러한 기술이 의료 현장에서 널리 활용되기 위해서는 해결해야 할 과제도 많다. 의료 정보의 사용과 관련한 개인정보 보호와 의료법 규제 문제를 해결해야 한다. 고가의 장비 도입과 데이터 보안 문제도 극복해야 한다. 이러한 과제를 해결한다면, 공간 컴퓨팅은 의료 교육과 실습의 새로운 표준이 될 수 있다.

실습하기 - 가상공간에서 의학 학습하기: 메디컬홀로덱 (Medicalholodeck)

	메디컬홀로덱(Medicalholodeck)
MEDICALHOLODECK®	가상현실 의학 학습 플랫폼
	작동 기기: - Meta Quest - STEAM VR (HTC Vive, Windows MR, Oculus Rift) - Apple Vision Pro (예정) - iOS (예정)
회사명: Medicalholodeck	**홈페이지:** https://www.medicalholodeck.com/en/ [QR코드]
유료/무료 여부: 7일간 무료	**주요 기능:** - 의료 영상 분석: VR에서 DICOM(의료 영상 파일) 시각화 및 편집 - AI 통합: MRI/CT 자동 분할로 진단 및 수술 계획 지원 - 3D 해부학 학습: 고해상도 3D 해부도 제공 - 협업 및 교육: 의료 전문가와 학생 간 VR 협업 및 학습 지원 - 콘텐츠 공유: VR 콘텐츠 녹화 및 교육용 자료로 활용 가능

■ 기본 구성 알아보기

①	**Medical Imaging XR:** 가상현실에서 DICOM (의료 영상 데이터 표준) 영상을 시각화, 편집, 분석할 수 있는 도구
②	**RecordXR:** 가상현실 강의 및 프레젠테이션 녹화와 재생을 지원하는 기능.
③	**Dissection Master XR:** 고해상도 인간 해부학 모델을 탐색하고 학습할 수 있는 해부학 실습실
④	**Anatomy Master 2:** 3D 인간 해부학 모델을 다양한 각도로 탐색하고 학습할 수 있는 도구

메뉴 기능 알아보기

①	**Library:** 사용자가 업로드한 DICOM 파일, 3D 모델, 해부학 콘텐츠 등을 저장 및 관리
②	**Jump:** 가상현실 공간에서 특정 위치로 빠르게 이동
③	**4D Record:** 가상현실 세션을 3D 공간과 시간의 흐름(4D)으로 녹화 및 재생
④	**TEAM XR:** 여러 사용자가 동일한 가상공간에 접속해 실시간 데이터 공유와 협업
⑤	**Remote Render:** 고성능 그래픽을 원격 서버에서 렌더링해 고품질 그래픽 제공

■ 앱을 실행하고 시작하기

1) Great Paintings VR은 STEAM에서 실행되므로 먼저 STEAM 플랫폼을 설치한 후, STEAM 을 실행한다. (STEAM 설치 및 실행 방법은 부록을 참고)

2) 우측 상단의 ① 검색창에 'medicalholodeck'을 입력한 후, 표시된 목록에서 ① 해당 애플리케이션을 선택한다.

3) 해당 애플리케이션 화면이 나타나면 좌측 하단에 있는 '지금 사용'을 클릭한다.

4) STEAM을 실행하기 위해 헤드셋과 PC 간의 링크를 무선 또는 유선으로 연결한다.

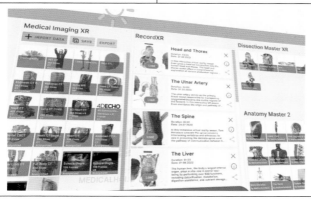

5) 공간 컴퓨팅 헤드셋을 착용하고 Medicalholodeck의 가상공간으로 들어가자.

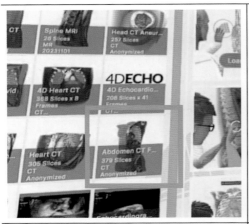

1) DICOM(의료 영상 데이터 표준) 영상 중 'Abdomen CT 379 slices CT anonymized' 데이터를 활용하여 복부 CT 영상을 살펴보자. 이 데이터는 379개의 연속적인 단면으로 구성되며, 복부의 상세한 해부학적 구조를 3차원적으로 재구성할 수 있다.

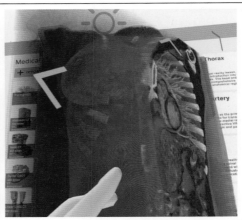

2) 왼손의 컨트롤러를 사용하여 CT 영상의 단면을 살펴보자. 이것을 슬라이스 탐색이라 한다. 이 기능을 통해 의료 영상의 각 단면을 연속적으로 확인할 수 있다. 이를 통해 신체 내부 구조를 상세히 관찰하고 분석할 수 있다.

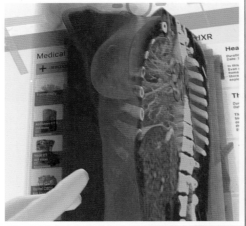

3) 3D로 되어 있는 복부의 주요 장기와 구조를 볼 수 있다. 간, 신장, 비장, 췌장 등의 위치와 형태를 파악해 볼 수 있다.

4) 간단하게 왼손을 수평으로 돌리면 단면도 따라서 회전한다. 수평면(횡단면)으로 영상을 관찰해 보자. 이를 통해 ① 간의 비대나 위축 여부를 확인할 수 있다. 또한, 간 내부의 밀도 변화를 살펴봄으로써 종양이나 낭종과 같은 병변을 식별할 수 있다.

② 척추 뼈 구조도 관찰하여 정렬 상태를 확인하고, 골절이나 퇴행성 변화 등을 평가할 수 있다.

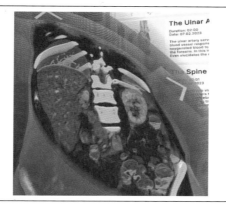

5) CT 영상은 한 방향에서만 보는 것이 아니라, 다양한 각도로 돌려보거나 비스듬히 기울여 관찰할 수 있다. 이렇게 하면 복부 장기의 크기, 모양, 위치를 더 입체적으로 이해할 수 있다. 예를 들어 간이 얼마나 큰지, 폐와 간을 나누는 근육인 횡격막과 어떻게 연결되어 있는지 확인할 수 있다.

4D 심장 박동 학습하기

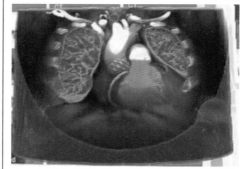

1) DICOM (의료 영상 데이터 표준) 영상 중 '4D Heart CT 368 Slice' 데이터를 활용하여 심장 박동의 움직임을 실시간으로 관찰해 보자.

2) 흉부 CT 또는 3D 재구성된 구조로, 심장과 폐를 포함한 흉곽 내부를 관찰할 수 있다. 이를 통해 심장의 크기와 위치, 폐의 구조적 이상, 주요 혈관 상태(동맥류, 협착, 혈전 등)를 움직이는 실시간 영상으로 확인할 수 있다.

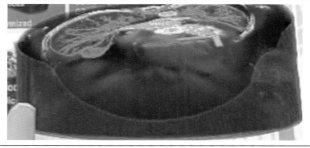

3) 이 영상 역시 한 방향에서 보는 것이 아니라 다양한 각도로 볼 수 있다. 4D 실시간 관찰 기능으로 심장 박동이나 폐의 움직임과 같은 동적인 변화를 실시간으로 볼 수 있다.

04 공간 컴퓨팅을 이용한 외국어 학습

실전 체험의 중요성

분자생물학이나 의료 현장과 상관이 없는 독자라면 더 일상적인 사례를 살펴보자. 외국어 학습은 전 세계적으로 인기 있는 교육 분야다. 하지만 많은 학습자가 어려움을 겪는다. 대표적인 고민은 실전에서 말문이 막히는 것이다. 책을 열심히 보고 학습 동영상을 들어도 실제 대화에서는 쉽게 표현하지 못한다.

언어는 사회적 상호 작용의 도구다. 단어와 문법을 암기하는 것으로는 충분치 않다. 실제 대화 상황을 경험하며 몸으로 익혀야 자연스럽게 습득할 수 있다. 하지만 전통적인 학습 방식에서는 이런 체험이 부족하다.

또한, 원어민과 대화할 때 실수를 두려워하는 심리적 장벽도 문제다. 이러한 부담감은 학습자가 적극적인 대화 시도를 막는다.

해외 연수나 현지 체류는 외국어를 배우는 좋은 방법이다. 하지만 시간과 비용의 제약이 크다. 결국 외국어 학습의 어려움은 분자생물학의 부족한 실험 환경이나 의료 학습의 임상 경험 부족 문제와 유사하다. 체험 환경이 부족하고 시간과 비용의 제약이 공통된 문제이다. 그렇다면 공간 컴퓨팅의 도움을 받아볼 수 있다.

공간 컴퓨팅과 AI가 바꾸는 외국어 학습 패러다임

외국어 학습에는 여러 가지 방법이 있다. 오프라인 학원, 온라인 강의, 개인 과외 등이 있다. 각각의 방식에는 장단점이 있다.

오프라인 학원은 강사와 직접 소통할 수 있는 장점이 있다. 하지만 시간과 이동의 제약이 따른다. 온라인 강의는 어디서든 편리하게 학습할 수 있다. 그러나 강사와 즉각적인 상호 작용이 어렵다. 개인 과외는 강사와 소통하며 학습 속도와 수준을 맞출 수 있어 효과적이다. 하지만 비용이 높고, 좋은 강사를 찾기가 쉽지 않다.

이러한 한계를 극복하기 위해 공간 컴퓨팅 헤드셋을 활용할 수 있다. 대표적인 예는 몬들리 VRMondly VR이다. Mondly는 몰입형 언어 학습 애플리케이션을 제공하는 기업이다. 공간 컴퓨팅 기술을 활용해 실제와 유사한 환경에서 외국어를 배울 수 있게 돕는다.

Mondly VR은 학습자가 가상공간에서 현지인과 대화하는 듯한 경험을 제공한다. 예를 들어, 택시에 탑승한 상황을 구현한다. 현지인 드라이버가 말을 걸면 사용자는 음성으로 답하거나 대응 문장을 선택할 수 있다. 이 시스템은 발음 교정, 어휘 추천, 맥락별 대화 피드백을 지원한다. 학습자는 실제 현지에 있는 듯한 몰입감을 느낄 수 있다.

이 기능은 택시뿐만 아니라 기차 안, 비행기 안, 기차역 대합실 등 다양한 환경에서도 적용된다. 각 상황의 대화 흐름이 반영된다. 학습자는 현실에서 마주할 수 있는 다양한 언어적 맥락을 경험하며 자연스럽게 외국어를 배울 수 있다.

외국인이 Mondly를 이용해 한국어를 배우는 장면(AI가 질문하고 학습자가 답변하는 장면)

실수해도 괜찮은 가상공간

공간 컴퓨팅은 실제와 같은 현장감을 제공한다. 여기에 AI 기술이 더해지면서 학습 방식이 더욱 발전했다. AI는 학습자의 발음과 표현을 실시간으로 평가하고 수정안을 제안한다. 마치 개인 과외를 받는 것처럼 가상공간에서 자연스럽게 배울 수 있다.

외국어 학습에서 많은 사람이 느끼는 어려움은 외국인과의 대화에 대한 두려움이다. 실전에서 입이 떨어지지 않는 경우가 많다. 이는 언어 실력보다는 심리적인 불안감 때문이다. 그래서 가상 AI 캐릭터를 활용하면 부담 없이 연습할 수 있다.

가상공간에서는 실수를 두려워할 필요가 없다. 잘못 말하거나 실수해도 곤란한 상황이 발생하지 않는다. 상대방이 인간이 아니기 때문이다. AI는 반복적으로 교정해 주며 학습자가 자연스럽게 개선할 수 있도록 돕는다.

이러한 심리적 안전지대는 학습자가 부담 없이 연습할 수 있게 한다. 실수를 반복하며 배우는 과정이 가능해진다. AI는 학습자의 취약점을 기록하고 맞춤형 피드백을 제공한다. 이를 통해 사용자는 자신의 발음 문제를 깨닫고 점진적으로 개선할 수 있다.

가상공간에서 꾸준히 연습하면 실전에서의 심리적 장벽도 낮아진다. 공간 컴퓨팅을 활용한 몰입형 학습 기술은 이미 실용화되어 사용되고 있다. 현재 기술 개발은 AI와 가상 캐릭터를 더욱 인간처럼 만들고, 실제와 같은 환경을 조성하는 데 집중하고 있다. 이제 가상의 식당이나 기차 안에서 외국어로 말을 걸어 보자. 처음에는 낯설고 어색할 수 있다. 하지만 익숙해지면 실제 외국인과도 자신 있게 대화할 수 있다. 이것이 공간 컴퓨팅이 가져다주는 학습 혁신의 가치다.

실습하기 - 가상공간에서 외국어 학습하기: 몬들리(Mondley)

	몬들리(Mondley)	
	가상현실 언어 학습 플랫폼	
	작동 기기: - Meta Quest - STEAM VR (HTC Vive, Windows MR, Oculus Rift) - iOS or Android	
회사명: Ati Studio	**홈페이지:** https://www.mondly.com/	[QR코드]
유료/무료 여부: 유료	**주요 기능:** - 실제 상황 기반 대화 연습: 레스토랑 주문하기, 호텔 체크인, 기차에서 친구 사귀기 등 30개 이상 언어로 대화 연습 - 음성 인식 기술 이용하여 사용자 발음 분석 및 피드백 - 어휘 학습, 대화 연습, 멀티 플레이어 모드 등 다양한 학습 모드 제공 ※ VR 애플리케이션은 한국을 포함한 일부 국가에서는 서비스가 되지 않는다. 다만 STEAM 에서 유료로 사용 가능하다.	

1) Mondly를 클릭하여 실행한다.

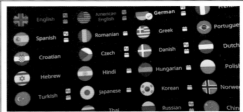

2) Mondly에서는 사용자가 학습하고 싶은 언어를 자유롭게 선택할 수 있다. 지원되는 41개의 언어 중에서 원하는 언어를 선택하면 어휘, 문법, 구문, 발음 등을 학습할 수 있는 다양한 콘텐츠를 제공한다.

3) Mondly는 실제 상황을 시뮬레이션해 학습자가 실전 대화에 대비할 수 있도록 한다. 택시타기, 호텔 체크인, 레스토랑 주문, 기차에서 스몰토크, 비행기 대화 등이 포함된다. 여기서는 택시에서의 대화를 선택한다.

4) 학습자가 가상공간 속 택시에 직접 탑승하게 된다. 택시 기사와 목적지를 외국어로 대화를 시작한다. 이 과정에서 스몰토크를 나누거나 택시 안에서 벌어질 수 있는 다양한 상황을 가정한 대화를 연습할 수 있다.

5) 택시 기사가 외국어로 인사와 함께 먼저 대화를 시작한다.

6) 사용자는 이어지는 대화를 적합하게 선택하거나 직접 음성으로 말을 하며 대화를 이어나갈 수 있다.

7) 환경을 비행기로 설정하면 승무원과의 대화를 포함하여 비행기 내에서 일어날 수 있는 다양한 상황을 가정한 대화를 연습할 수 있다.	8) 환경을 기차 객실로 설정하면 근처 좌석 승객과의 스몰토크를 연습해 볼 수 있다. 이렇게 다양한 사회적 상황에서 사용할 수 있는 언어 능력을 언어 사용 실수에 대한 부담 없이 연습해 볼 수 있다.

05 공간 컴퓨팅의 교육 환경으로서의 가능성

새로운 교육 환경으로서의 가능성

지금까지 공간 컴퓨팅이 교육에서 어떻게 활용되는지 살펴보았다. 공간 컴퓨팅은 단순한 기술 도구가 아니다. 학습자는 가상공간에서 AI, 아바타 혹은 여러 인터페이스를 활용해 상호 작용한다. 이를 통해 지식과 경험을 교류할 기회를 얻는다.

이 기술은 Z세대와 알파세대뿐만 아니라 성인 학습자에게도 유용하다. 자발적 몰입 환경을 제공하여 기존 교수법과 차별화된다. 기존 학습 이론은 정보 전달과 암기에 집중했다. 그러나 공간 컴퓨팅은 학습자가 주도적으로 참여하도록 한다. 가상공간에서 문제를 탐구하고 동료와 협력해 해결책을 만들어 간다.

AI와 결합된 공간 컴퓨팅은 실시간 피드백을 제공한다. 개인별 학습 데이터를 분석하여 학습 효율성을 높인다. 또한, 단순 강의식 수업에서 벗어나 보다 능동적인 학습이 가능하도록 돕는다. 학습자는 소규모 그룹으로 모여 문제 해결 활동을 진행할 수 있다. 또한, 실험과 실습도 가상공간에서 구현된다. 비용, 안전, 윤리적 문제로 인해 제한적이었던 실험을 가상 환경에서 안전하게 진행할 수 있다.

그러나 공간 컴퓨팅을 교육에 효과적으로 활용하려면 몇 가지 과제가 남아 있다. 기술과 헤드셋의 보급이 보다 확대되어야 한다. 교사나 강사의 디지털 역량 강화도 필수적이다. 또한, 데이터 윤리와 보안 문제도 해결해야 한다. 이러한 과제들은 시행착오를 거치며 점차 해결될 것이다.

공간 컴퓨팅은 기존 교수학습 이론의 한계를 보완한다. 앞으로 교육 혁신의 중심이 될 가능성이 크다. 이 글이 독자들에게 공간 컴퓨팅 학습의 흐름을 이해하는 데 도움이 되기를 바란다. 작은 아이디어 하나라도 떠올랐다면, 그것만으로도 의미 있는 성과다. 교육의 미래는 작은 영감과 호기심에서 시작되기 때문이다.

1장

2장

3장

4장

5장

4.2 공간 컴퓨팅에서 발표하기

https://www.youtube.com/watch?v=d237VbQtCUM
QR코드를 스캔하면 내용을 쉽게 이해할 수 있도록 제작된 유튜브 동영상을 시청하실 수 있습니다.

01 발표의 어려움

훌륭한 발표자가 되는 것을 가로막는 진입 장벽

학교나 직장에서 생활하다 보면 사람들 앞에서 발표할 순간이 온다. 소규모 팀 미팅에서 아이디어를 공유할 수도 있고, 중요한 사업 제안을 발표할 수도 있다. 학생들도 조별 과제나 프로젝트 발표를 통해 경험을 쌓는다.

발표는 단순한 의사소통이 아니라 생각과 아이디어를 효과적으로 전달하고 설득하는 기술이다. 단순한 정보 전달이 아니라 청중의 행동과 판단에 영향을 미치는 것이 목적이다. 이를 위해 설득력이 중요하지만, 많은 발표자는 내용에만 집중해 청중의 관점을 고려하지 못한다. 그 결과, 발표가 단순한 정보 나열에 그쳐 관심을 끌지 못하고, 발표자와 청중 모두에게 시간 낭비가 될 수 있다.

성공적인 발표를 위해서는 청중의 입장에서 생각해야 한다. 청중의 관심을 끌고, 필요한 정보를 제공하며, 행동을 유도해야 한다. 하지만 이러한 과정은 많은 발표자에게 긴장과 부담을 준다.

발표의 스트레스가 주는 영향

자신의 생각을 정확히 전달하는 것은 쉽지 않다. 특히 많은 청중 앞에 서면 부담감이 커진다. 발표의 중요성이 클수록 긴장감도 더 높아진다.

과거에 발표를 하다가 실수한 경험이 있다면 부담감은 더욱 커진다. 그 기억이 떠오르면서 긴장이 배가된다. 두려움과 긴장은 신체에 변화를 일으킨다. 심장이 빨리 뛰고, 손바닥에 땀이 난다. 손이 떨리기 시작하고 목소리가 흔들린다.

긴장한 상태에서는 아이 콘택트eye contact도 어렵다. 아이 콘택트는 발표에서 매우 중요하다. 자연스러운 시선 교환이 이루어지면 청중은 발표자를 자신감 있는 사람으로 느낀다. 반면 아이 콘택트가 부족하다면 발표자가 확신이 없어 보이며 메시지 전달이 어려워진다. 긴장이 심하면 자세, 행동, 표정도 통제되지 않는다. 머릿속이 하얘지고 내가 무슨 말을 하고 있는지도 모르게 된다. 이런 상태에서는 청중과 소통하기 어렵다. 긴장은 신체의 자연스러운 반응이다. 스트레스 상황에서는 코르티솔과 아드레날린이 증가한다. 코르티솔은 혈압을 높이고 혈액 순환을 빠르게 한다. 아드레날린은 동공을 확장시키고, 심장 박동을 빠르게 하여 신체가 빠르게 대응하도록 돕는다.

이 과정에서 땀이 나고, 근육이 긴장하며, 호흡이 빨라진다. 이는 신체가 스트레스에 대응하기 위한 자연스런 반응이다. 하지만 발표에서 긴장을 극복하는 것은 중요하다.

해결 방법은 심호흡과 연습이다. "그것쯤은 누구나 아는 사실 아닌가?"라고 생각할 수도 있다. 하지만 올바른 연습과 적절한 심호흡은 긴장을 완화하는 강력한 도구다. 여기에 공간 컴퓨팅을 더하면 발표에 대한 두려움을 한층 더 효과적으로 극복할 수 있다.

02 가상으로 만드는 두려움

두려움에 익숙하게 만드는 가상현실

가상공간을 활용하면 특정 상황에서 느끼는 두려움을 인위적으로 조성할 수 있다. 이를 통해 점진적으로 적응하며 두려움을 극복할 기회를 얻는다. 실제 병원에서도 공포증 치료에 이 기술이 활용되고 있다.

연구에 따르면, 가상현실은 공포증 치료에 효과적이다. 환자는 가상의 환경에서 점진적으로 두려운 상황에 노출된다. 이를 통해 불안감을 조절하는 훈련을 받을 수 있다. 현재 임상 현장에서 이러한 치료법의 활용이 증가하고 있다. 특히 고소공포증, 대인공포증, 광장공포증 치료에 효과적이다.

이 방법은 '가상현실 치료VR Therapy[12]'라고 불린다. 환자는 가상공간에서 공포를 유발하는 상황을 직접 경험한다. 하지만 통제된 환경이므로 안전하게 두려움을 극복할 수 있다. 치료 과정은 약한 두려움부터 시작된다. 예를 들어, 높은 곳이 두려운 환자는 낮은 높이에서 바라보는 경험을 먼저 한다. 환자는 처음에는 긴장하지만, 이를 견디는 연습을 하게 된다. 초기 단계를 극복하면 점차 더 높은 난이도의 환경으로 이동한다. 계단을 오르듯 한 단계씩 적응하는 방식이다.

현실에서 두려움을 유발하는 환경을 만드는 것은 어렵고 비용이 많이 든다. 예를 들어, 연극 무대나 영화 세트를 만들어 높은 곳을 재현하려면 많은 시간과 비용이 필요하다. 거미나 뱀을 실제로 배치하는 것도 현실적으로 어렵다. 또한, 물리적인 위험이 존재할 수 있다.

공간 컴퓨팅은 이를 해결한다. 헤드셋과 소프트웨어만 있으면 다양한 강도의 두려움을 단계적으로 조성할 수 있다. 물리적 위험이 없으며 환자는 안전하게 적응할 수 있다.

가상현실 치료의 활용

옥스포드대학의 게임 체인지 프로젝트에서 개발한 애플리케이션 중 '레이-고소공포증Ray-Fear of height'이 있다. 옥스포드VR이라는 스타트업이 만든 이 애플리케이션은 고소공포증이 있는 환자를 돕기 위해 설계되었다.

단계별로 높은 곳을 경험하는 환경을 제공한다. 환자의 고소공포증 수준을 파악한 후, 견딜 만한 높이로 안내한다. 그리고 점진적으로 그 높이에 적응하도록 돕는다. 환자가 극단적인 두려움에 한 번에 부딪치지 않도록 한다. 대신 단계적인 노출로 공포심을 조금씩 줄여 나가도록 유도한다.

일상에서도 고소공포증 사례는 흔하다. 최근 대형 백화점이나 오피스텔에는 '보이

---

12) rTMS Centre London. "Virtual Reality Therapy." rTMS Centre London, (https://rtmscentre.co.uk/virtual-reality-therapy/)

드Void 공간'이 자주 설계된다. 건물 중앙부가 위아래로 뚫려 있어 개방감을 극대화하는 구조다. 하지만 이런 공간은 고소공포증 환자에게 큰 두려움을 준다.

발코니 난간이 있어도 상황은 크게 다르지 않다. 특히 난간이 유리로 되어 있다면 공포가 더욱 심해진다. 환자는 "혹시 무너질까?", "난간을 넘어 떨어지지 않을까?" 하는 두려움을 느낀다. 결국 난간 근처에 서는 것조차 어려워진다.

좌: 건물 중간이 보이드 공간으로 뚫려 있는 쇼핑몰
우: 발코니 난간에서 아래를 내려다 본 모습

공포의 단계적 노출

레이-고소공포증 애플리케이션은 이러한 문제를 해결하는 데 도움을 준다. 앱을 실행하면 10층 높이의 가상 쇼핑몰이 나타난다. 먼저, 가상의 안내자가 쇼핑몰 입구에서 상담을 진행한다. 환자의 상태를 점검하며 필요한 정보를 수집한다.

예를 들어, 환자가 "3층 정도는 견딜 수 있지만, 그 이상은 무섭다"라고 말하면 안내자는 3층이나 4층에서 시작하도록 설정한다. 이후 엘리베이터를 타는 순간부터 환자의 공포 반응을 관찰한다. 층수를 점진적으로 높이며 공포를 극복하는 훈련을 반복한다.

쇼핑몰 중앙에는 1층부터 10층까지 이어지는 개방형 공간이 있다. 아래층 복도를 걷는 사람들아바타들이 보이고, 유리 난간을 통해 아래를 내려다볼 수도 있다. 실제 현실이라면, 고소공포증 환자에게 쉽지 않은 상황이다. 하지만 가상공간이기 때문에 안전하다. 환자는 가상공간에서 떨어져도 실제로 다치지 않는다는 점을 인식한다. 이 안전감은 환자에게 용기를 준다. 점차 난간 가까이 다가가거나, 아래를 내려다보는 시간을 늘릴 수 있게 된다.

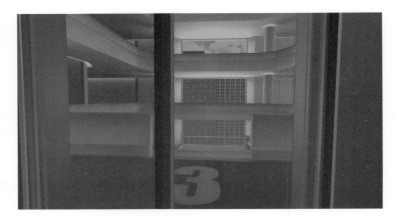

엘리베이터를 타고 가상 쇼핑몰 상층부로 올라가는 모습

어느 정도 고도에 익숙해지면, 가상의 안내자는 발코니 난간 높이를 조정해 보라고 제안한다. 처음에는 난간이 가슴 높이로 설정되어 안정감을 준다. 이후 허리 높이로 낮춘다. 필요하면 그보다 더 낮은 수준으로 조정할 수도 있다.

난간이 낮아질수록 시각적으로 더욱 아찔하게 느껴진다. 동시에 불안감도 커진다. 하지만 환자는 이전 단계에서 적응한 경험이 있기 때문에 점차 익숙해질 수 있다. 난간을 완전히 없애는 상황도 보여 준다. 이 경우 난간 아래로 뻥 뚫려 절벽 위에 서 있는 듯한 느낌이 든다. 이런 상황도 가상에서 안전하게 연습할 기회를 제공한다. 이 애플리케이션을 사용하면 환자는 점차 고소공포증에서 자유로워진 자신을 발견하게 된다.

가상공간 속 발코니 난간에서 아래를 내려다 본 모습

공포증 치료의 확장 가능성

이 애플리케이션의 가상공간 그래픽은 100% 실사처럼 정밀하지 않다. 그러나 고소공포증 환자에게는 충분히 현실적인 체험을 제공한다.

시각적 자극만으로도 심장이 두근거린다. 특히 가상 엘리베이터가 외부 풍경을 보여 줄 때 효과가 크다. 마치 진짜 엘리베이터를 탄 듯한 착각을 일으킨다. 화면 속 풍경이 실감 나게 변하면서 뇌가 이를 실제처럼 받아들이기 때문이다.

이러한 치료 방식은 고소공포증에만 국한되지 않는다. 뱀이나 거미 같은 동물 공포증 치료에도 활용할 수 있다. 또한, 극단적인 상황을 재현하는 트라우마 치료에도 적용 가능하다. 이처럼 가상현실 치료VR Therapy는 점점 임상 치료의 중요한 도구로 자리 잡고 있다.

실습하기 - 가상현실 치료 체험: 레이-고소공포증(Rey-Fear of the Heights)

	레이-고소공포증(Rey–Fear of the Heights)	
	가상현실 고소공포증 치료	
	작동 기기: - Meta Quest	
회사명: Oxford VR	**홈페이지:** https://oxfordvr.co/	[QR코드]
유료/무료 여부: 무료	**주요 기능:** - 가상 코치의 안내 및 지원 - 안전한 환경에서 점진적 높이 노출 치료 진행 - 임상 연구 기반	

■ 앱을 실행하고 시작하기

1) ①을 클릭하여 실행한다.

2) 가상의 코치가 등장하여 사용자가 이 애플리케이션을 보다 효과적으로 활용할 수 있도록 상세히 안내한다.

3) 먼저 사용자가 느끼는 가장 큰 고소공포의 원인을 묻는다. 선택지는 건물 붕괴(Building collapse), 뛰어내리고 싶은 충동(Urge to jump), 미끄러짐(Slipping), 잘 모르겠음(Don't know)이다.

어플리케이션은 이를 통해 사용자의 특정 공포 요인을 파악하고, 맞춤형 치료를 제공한다. 원하는 답안을 선택하려면 노란색 공에 손을 뻗으면 된다. 이후 공포 수준을 파악하기 위해 몇 가지 추가 질문을 하며, 사용자가 답변하면 해당 답변에 따라 프로그램이 사용자의 수준에 맞게 조정된다.

4) 가상의 코치는 먼저 건물의 보이드 공간으로 데려가 앞으로 도전하게 될 각 층별 난간을 보여 주며 설명한다. 위에 보이는 각 층의 난간에 서서 난간 너머 바닥을 내려다보게 된다. 이를 통해 고소공포증을 직접 체험하게 된다.

5) 1층부터 5층 중에서 어느 층부터 고소공포증 체험과 치료를 시작할지 선택한다.

6) 원하는 시작 층을 선택하면 엘리베이터를 타고 해당 층으로 올라간다.

7) 해당 층에 도착하여 엘리베이터에서 내린다.

8) 가상의 코치의 안내를 받아 사용자가 난간 너머로 보이드와 바닥을 내려다볼 수 있도록 한다. 만약 내려다보기가 힘들다면, 자신이 감당할 수 있는 범위 내에서 난간 근처까지 가는 것도 괜찮다.

1장

2장

3장

4장

5장

9) 어느 정도 적응이 되었다면, 유리 난간을 조금 더 낮춰 더욱 도전적인 경험을 시도한다.

10) 잘 적응하고 자신의 고소공포증을 극복할 준비가 되었다면, 유리 난간 너머로 보이드와 바닥을 직접 내려다보는 도전을 시도한다.

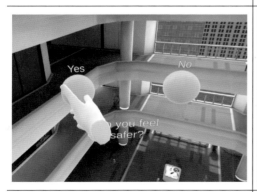

11) 사용자로부터 계속해서 안전하다고 느껴지는지에 대한 피드백을 받는다. 이 피드백을 바탕으로 체험의 수준과 진행 정도를 결정한다.

12) 난간의 높이를 더 낮추어 점진적으로 고소공포증의 강도를 증가시키면서 적응해 나가도록 한다.

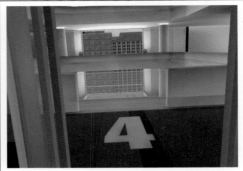

13) 해당 층에서의 적응이 어느 정도 이루어지면, 엘리베이터를 타고 더 높은 층으로 올라간다.	14) 더 높은 층으로 이동하여 이전과 동일한 고소 공포증 적응 과정을 반복적으로 진행한다.

※ 가상현실 치료를 활용한 실제 환자의 치료 스토리는 아래 QR코드를 스캔해 확인할수 있다.

 https://vimeo.com/304412747

좌: 치료 전 보이드의 난간 근처에도 서있기 힘들어하는 환자
우: 가상현실 치료 후 보이드 난간에 서있는 환자 (출처: OXFORD VR 동영상, 상기 QR코드 홈페이지)

03 실제 같은 발표 연습

발표에 익숙하게 하는 가상현실

2018년에 개최된 평창 동계올림픽은 성공한 국가적 스포츠 행사로 기억된다. 역대 동계올림픽 중 사상 최대의 선수단이 참여했다. 각종 신기록도 쏟아졌다. 한국개발원의 설문조사에 따르면 국민의 81.4%가 성공적이었다고 평가했다.[13]

---

13) 한국개발연구원(KDI). (2018). 2018 평창 동계올림픽 개최효과 심층분석

평창 동계올림픽을 유치하기 위해 많은 노력과 시도가 있었다. 그러나 이런 성공 뒤에는 많은 좌절과 눈물도 있었다. 평창 동계올림픽은 원래 2010년 개최를 목표로 했다. 하지만 2010년 동계올림픽은 캐나다 밴쿠버에 밀렸고, 이 일로 많은 국민이 실망했다. 이후 다시 분발하여 2014년 동계올림픽 유치를 위해 국가적으로 노력했다. 그러나 2차 투표까지 가는 접전 끝에 러시아 소치에 개최권을 다시 빼앗겼다. 이로 인해 많은 국민이 또다시 아쉬워했다. 평창 주민과 유치단은 눈물을 흘렸다.

2018년 평창 동계올림픽 개최 모습 (출처: 대한민국역사박물관 소식지)

그럼에도 불구하고, 평창 동계올림픽을 향한 열망은 사람들을 하나로 모았다. 2018년 동계올림픽 유치를 위해 국가적인 노력이 이어졌다. 정관계와 스포츠 인사들이 총력을 다했다.

IOC 총회가 열린 남아프리카공화국 더반에서 한국 대표단은 프레젠테이션을 진행했다. 많은 국민이 TV 앞에 모여 유치 성공을 기원했다. 김연아 선수, 이명박 전 대통령, 문대성 선수, 조양호 올림픽 유치위원장이 발표자로 나섰다. IOC 평가단은 한국의 강한 의지를 느꼈다. 결국 평창이 동계올림픽 개최지로 선정됐다. 유치단과 평창 주민들은 기쁨의 눈물을 흘렸다. 평창 올림픽 유치 과정은 많은 좌절과 난관을 극복한 드라마 같은 실화였다.

특히 나승연 올림픽 유치위원회 대변인의 발표가 큰 인상을 남겼다. 그녀는 부드러운 미소와 유창한 영어로 발표를 진행했다. 자연스러운 아이 콘택트와 호소력 있는 태도로 IOC 평가단을 설득했다. 이 발표로 그녀는 '프레젠테이션의 여왕'으로 불렸고 '더반의 여신' 이라는 별명도 얻었다.

그러나 그녀도 긴장하지 않은 것은 아니었다. 아리랑 TV 인터뷰에서 "긴장하지 않은 것처럼 보인 건 연기였다"라고 말했다. 발표 중 CEO 이름을 잘못 말하는 실수도 있었다. 하지만 곧 마음을 가다듬고 발표에 집중했다고 회고했다.

평창 동계올림픽 유치 주역 나승연 대변인
(출처: 연합뉴스, 2011)

대중 앞에서 발표할 때 떨리거나 긴장하는 것은 누구에게나 자연스럽게 발생하는 현상이다. 단지 그 떨림과 긴장의 정도가 다를 뿐이다. 발표할 때 느끼는 떨림은 공포증은 아니다. 하지만 공간 컴퓨팅이 이런 문제를 도와줄 수 있다. 가상현실을 활용한 공포증 치료 방식으로 발표 연습을 할 수 있기 때문이다.

실전과 같은 발표 준비의 중요성

누구나 발표를 잘하려면 충분한 연습과 무대 경험이 필요하다는 것을 알고 있다. 하지만 이를 실제로 반복하고 실천하는 것은 쉽지 않다. 발표할 기회는 많지 않다. 또한, 혼자 방에서 연습하는 것만으로는 한계가 있다. 자신의 방안이나 익숙한 환경에서는 심리적 부담이 적다. 실수에 대한 두려움도 없다. 하지만 실제 발표 현장은 다르다.

청중이 가득한 공간은 낯선 분위기를 만든다. 청중의 다양한 표정과 태도는 발표자에게 영향을 준다. 실제 상황에서는 호흡이 빨라지고, 시선 처리가 어려워진다. 목소리 톤도 긴장에 따라 변한다. 무대 위에서는 연습한 발표 대본이 잘 떠오르지 않기도 한다.

공간 컴퓨팅 기술은 이러한 문제를 해결하는 도구가 될 수 있다. 가상공간 속 발표무대를 헤드셋이 눈앞에 펼쳐 준다. 빈 회의실, 대형 콘퍼런스룸, 기자 회견장 등 다양한 환경을 가상으로 재현할 수 있다. 실제와 유사한 환경에서 발표 연습을 하면, 혼자 익숙한 곳에서 연습하는 것과 전혀 다른 경험을 하게 된다.

버추얼 스피치Virtual Speech는 대표적인 발표 연습용 가상공간 애플리케이션이다. 영국의 'Virtual Speech' 팀이 개발했다. 대중 연설, 엘리베이터 스피치, 언론 인터뷰 등 다양한 시나리오를 제공한다.

사용자는 원하는 발표 환경을 선택하고 연습할 수 있다. 콘퍼런스홀을 설정하면 가상공간에서 무대에 서 있는 듯한 몰입감을 경험한다. 가상의 청중이 앞에 자리해 있으며, 다양한 반응을 설정할 수 있다. 일부 청중은 발표자를 주의 깊게 바라본다. 어떤 청중은 집중하지 않거나 시선을 돌린다. 이러한 시뮬레이션은 실제 상황에서 발생할 수 있는 긴장 요소를 체험할 기회를 제공한다.

가상의 발표 환경을 미리 경험하면 실전 적응력이 높아진다. 청중의 반응과 무대 분위기를 익히면서 긴장감을 조절하는 법을 배울 수 있다. 사전 경험을 통해 발표 불안을 완화하고 실전에서도 더 안정적으로 발표할 수 있다.

물론, 발표 불안의 강도와 유형은 사람마다 다르다. 가상공간이 모든 문제를 해결하는 것은 아니다. 하지만 과거에는 실제 무대에서 실패를 겪으며 배워야 했다. 이제는 가상의 무대에서 안전하게 시행착오를 경험할 수 있다. 실패의 위험 없이도 효과적으로 실전처럼 연습할 수 있는 시대가 열린 것이다.

1장
2장
3장
4장
5장

버추얼 스피치의 대형 콘퍼런스룸에서 발표하는 모습

발표 자료 암기하기

발표를 준비할 때 우리는 보통 빔프로젝터나 대형 스크린을 사용한다. 발표 자료를 띄워 놓고 설명을 이어간다. 자료는 말로 전달하기 어려운 정보를 보완하는 도구다. 때로는 무대에서의 부담감을 줄이기 위해 활용하기도 한다.

하지만 발표에서 주체는 발표자다. 자료는 보조 수단일 뿐이다. 그러나 실제 발표 현장에서는 자료에 의존하는 경우가 많다. 발표자가 스크린을 바라보며 내용을 그대로 읽으면, 청중도 발표자가 아닌 화면을 집중하게 된다. 이럴 경우 발표자의 존재감이 희미해지고 설득력도 떨어진다. 발표자는 청중과 아이 콘택트가 필요하다. 그러려면 발표 자료를 암기하고 있어야 한다. 그래서 발표 자료를 암기하는 연습을 해 본다. 발표 자료는 발표자의 말을 돕는 도구일 뿐, 핵심은 발표자 자신이기 때문이다. 이를 효과적으로 훈련할 수 있는 방법이 가상공간을 활용한 암기 연습이다.

가상공간에서는 발표자가 서 있는 등 뒤의 화면에 발표 자료가 투영된다. 발표자는 자료를 확인하려면 실제로 몸을 돌려야 한다. 이를 통해 자신이 발표 자료에 얼마나 의존하는지 체감할 수 있다. 연습을 반복하면 자료를 확인하는 횟수를 줄이고 청중과의 시선 교환을 늘릴 수 있다.

이 방법은 청중과의 연결을 강화하는 데 효과적이다. 자료가 기억나지 않을 때만 잠깐 확인하고 다시 청중을 바라보며 발표를 이어간다. 이렇게 하면 발표 흐름이 자연스러워지고 전문성과 자신감이 높아진다. 이렇게 자료에 의존하지 않는 발표자는 더 큰 신뢰를 얻는다. 충분한 연습을 하면 발표는 더욱 여유롭고 집중도 높은 소통으로 이어진다. 이 모든 과정은 단순한 이론이 아니라, 실제처럼 몸을 움직이며 연습하는 것이 핵심이다.

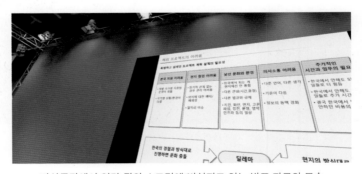

가상공간에서 연단 뒤의 스크린에 비쳐지고 있는 발표 자료의 모습

아이 콘택트 연습하기

아이 콘택트는 발표자가 청중과 직접 시선을 마주치는 것을 의미한다. 말로는 간단하지만, 실제 발표에서는 쉽지 않다.

발표자는 긴장과 압박감 속에서 발표 자료만 보거나 허공을 응시하는 경우가 많다. 이는 청중과 눈을 마주치는 것에 대한 부담감에서 비롯된다. 연습이 부족한 발표자는 시선을 발표 자료나 무대 뒤편에 고정한다. 청중을 보더라도 눈을 제대로 마주치지 않는다. 이럴 경우 청중은 발표자가 자신감이 없어 보인다고 느낄 수 있다.

가상공간 청중은 아이 콘택트 연습에 효과적이다. 실수해도 불편함이 없으며, 현실에서는 어려운 다양한 시도를 부담 없이 할 수 있다. 전후좌우로 'Z' 형태로 시선을 돌리며 청중을 바라보는 연습을 한다. 처음에는 아무 말 없이 시선 이동만 연습한다. 아이 콘택트의 순서를 정하고, 시선을 머무는 시간을 조절한다. 보통 3~5초가 적당하다. 너무 짧으면 단순 스캔처럼 보이고, 너무 길면 상대가 부담을 느낄 수 있다.

버추얼 스피치Virtual Speech는 발표자의 시선 방향을 분석한다. 시선이 한쪽으로 치우쳤는지, 특정 구역에 오래 머물렀는지, 이동이 너무 빠른지를 수치로 보여 준다. 이를 통해 발표자는 자신도 몰랐던 습관을 파악하고 개선할 수 있다.

아이 콘택트가 잘 이루어지면 발표의 메시지는 더욱 강력해진다. 발표자가 청중 개개인의 눈을 보며 소통한다는 느낌을 주기 때문이다. 이렇게 가상공간에서 반복적으로 연습하면, 실제 발표에서도 청중 모두가 발표자와 눈을 마주쳤다고 느끼게 할 수 있다. 발표의 집중도와 설득력도 높아진다.

버추얼 스피치의 아이 콘택트 분석 결과

O4 실전보다 더 심한 환경에서 연습하기

질의에 대응하기

질의응답은 발표에서 매우 중요한 과정이다. 발표는 일방적인 정보 전달이지만, 질의응답은 청중과의 쌍방향 소통이다. 이 과정에서 청중이 궁금해하는 점을 파악하고, 부족했던 설명을 보완할 수 있다. 발표를 마무리하면서도 완성하는 중요한 순간이다.

하지만 질의응답 역시 발표자에게 긴장감을 줄 수 있다. 예상한 질문만 나온다면 문제가 없지만, 예상 밖의 질문이나 어려운 질문이 나올 수 있다. 때로는 발표자보다 청중이 더 많은 정보를 알고 있거나, 공격적인 질문이 나올 수도 있다. 이는 축구 경기의 승부차기와 비슷하다. 골키퍼가 공이 날아올 방향을 예측하듯, 발표자도 질문을 예상해야 한다. 하지만 예측이 틀리면 그대로 골을 허용하듯 답변에 실패할 수 있다.

비즈니스 프레젠테이션, 입찰 경쟁, 입사 면접에서도 비슷한 일이 발생한다. 일부 청중이나 면접관은 발표자의 지식뿐만 아니라 순발력과 태도를 시험한다. 발표자가 당황하면 신뢰를 잃을 수 있지만, 위기를 잘 넘기면 오히려 긍정적인 반응을 얻는다.

질의응답 훈련은 발표 준비에서 필수적이다. 특히 극단적인 상황을 가정한 연습이 효과적이다. 예를 들어, 기자회견을 떠올려 보자. 발표자는 수많은 기자에게 둘러싸여 있다. 방송 카메라가 생중계를 하고, 기자들은 발표자의 말을 기록한다. 이런 상황을 상상하는 것만으로도 강한 압박감을 느낄 수 있다.

공간 컴퓨팅의 가상공간에서 이러한 상황을 직접 체험하며 연습할 수 있다. 실제 발표에서 기자회견과 같은 극한 상황이 발생하는 것은 드물다. 하지만 최악의 상황을 가정한 연습은 예기치 못한 질문에도 유연하게 대응할 수 있게 한다. 이러한 훈련을 반복하면, 일반적인 발표 자리에서도 여유롭게 대처할 수 있는 능력을 기를 수 있다.

버추얼 스피치의 기자 회견장에서 미디어의 질의응답에 대처하는 훈련

발표하기의 미래

미국 공군은 F-22 랩터와 F-35 라이트닝2 같은 전투기를 점차 무인 전투기로 역할 분배하는 것을 검토하고 있다. 무인 전투기의 도입이 가속화되고 있기 때문이다. 과거 공상과학 속 상상으로 여겨지던 AI 전투기가 이제 현실이 되고 있다.

AI 전투기는 인간 조종사와 달리 식사나 휴식이 필요 없다. 생리적 한계에 구애받지 않아 장시간 임무 수행도 가능하다. 조종사를 위한 생명 유지 장비가 필요 없으므로 기체 크기와 무게를 줄일 수 있고, 제작 비용도 절감된다. 더불어 AI는 극한 상황에서도 인간보다 효율적으로 전투를 할 수 있다.

발표장에서 긴장한다고 해서 목숨을 잃을 일은 없지만, 공중전은 다르다. 조종사가 극도로 긴장하거나 당황하여 실수를 하면, 그것이 곧 생사의 갈림길이 되기 때문이다. 하지만 AI는 그런 감정적인 흔들림이 없어, 전투를 인간보다는 더욱 효율적으로 진행할 수 있다.

인간이 조종하는 전투기와 함께 날고 있는 AI 전투기 (출처: 보잉 홈페이지 갤러리 - MQ-28 Ghost Bat)

AI 전투기처럼 사람의 역할을 대체하거나 보완하는 AI 기술은 다양한 분야에서 빠르게 자리 잡고 있다. 이미 MBN은 AI 김주하 아나운서를 도입해 뉴스 진행에 활용하고 있다. AI 김주하는 김주하 아나운서의 말투와 억양을 정밀하게 학습하여 실제와 유사한 방식으로 뉴스를 전달한다. 긴박한 속보 상황에서도 즉시 투입 가능하며, 실수 없이 정확하게 뉴스를 제공한다.

이런 변화는 발표 영역에도 영향을 미칠 것이다. 공간 컴퓨팅이 제공하는 가상공간은 발표 연습을 위한 도구일 뿐만 아니라, AI와 버추얼 휴먼이 활동할 무대가 될 것이다. 가상공간이 일상화되면 나와 똑같이 생긴 버추얼 휴먼이 나 대신 발표하는 시대가 올 수도 있다.

MBN AI 김주하 앵커 (출처: 매일경제, 2020.11.09, 김주하 앵커 아니었어? MBN AI 아나운서 시대 열었다)

에픽게임즈의 언리얼 엔진은 이미 고도로 사실적인 버추얼 휴먼을 제작하는 도구를 제공하고 있다. 메타휴먼 크리에이터를 사용하면 누구나 실제 사람과 똑같은 3D 인간 모델을 만들 수 있다. 피부색, 헤어스타일, 의상 등을 자유롭게 조합할 수 있으며, 이렇게 생성된 버추얼 휴먼은 가상공간에서 활용 가능성이 높다.

이들은 사람처럼 떨지 않는다. 스티브 잡스나 나승연 대변인 못지않은 명연설도 가능하다. 그리고 그 연설을 듣는 청중 역시 사람이 아닌 AI 아바타일 수도 있다. 발표자와 청중 모두 AI일 경우, 누가 인간이고 누가 AI인지 구별하기 어려운 시대가 올 수도 있다.

메타휴먼 크리에이터에서 직접 생성한 실사와 같은 3D 인간 모델

하지만 AI가 발표자를 완전히 대체하는 날은 아직 오지 않았다. F-22 같은 전투기는 여전히 사람이 조종하듯, 발표와 같이 창의성과 소통 능력이 중요한 영역은 당분간은 인간이 주도할 것이다.

공간 컴퓨팅은 발표를 두려워하는 사람들에게 최적의 훈련장이 될 것이다. 가상공간에서 충분히 연습하고, 실제 발표장에서는 심호흡을 통해 긴장을 극복하면 된다. 불안을 이겨내고 꾸준히 연습하다 보면 자신감 있는 발표자로 성장할 수 있다. AI와 버추얼 휴먼이 발표 무대를 완전히 점령하기 전까지는 말이다.

실습하기 - 가상현실에서 발표 연습하기: 버추얼 스피치(VIRTUAL SPEECH)

	버추얼 스피치(VIRTUAL SPEECH)
	소프트 스킬 훈련 플랫폼
 VIRTUALSPEECH	**작동 기기:** - PC (인터넷 접속) - Meta Quest - HTC VIVE - PICO - Lenovo ThinkReality VRX

회사명: Virtual Speech	**홈페이지:** https://virtualspeech.com/ ※ 위 주소로 접속하면 PC에서 사용 가능	[QR코드]
유료/무료 여부: 유료	**주요 기능:** - 가상공간 및 혼합현실에서 연습 - 발표자료 업로드 후 실제 같은 PT 연습 - AI 기반 역할극(어려운 대화, 영업 PT, 인터뷰, 협상 등) AI 활용 연습 - AI가 눈맞춤, 말하기 속도 및 톤 등 피드백	

■ 앱을 실행하고 시작하기

1) ① 을 클릭하여 실행한다.	2) 여러 프레젠테이션 룸 환경 중에서 ② 콘퍼런스 룸을 선택한다.

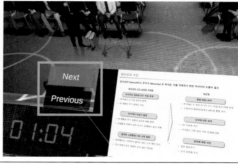

3) 수많은 청중이 들어찬 대형 강당 형태의 콘퍼 런스 룸에 들어선다. 모든 시선이 당신에게 집 중된다.

4) 자신의 슬라이드를 후면의 대형 디스플레이 및 전면부의 창에 띄우기 위해서는 Virtual speech에 업로드해야 한다. 웹브라우저에서 www.virtualspeech.com/upload로 이동한 다. 이메일 주소와 VR 코드를 입력한다.

5) 앱을 열고 업로드한 자신의 프레젠테이션 슬 라이드를 확인한다.

6) 연단에는 자신의 프레젠테이션 슬라이드가 표 시된다. Next와 Previous 버튼을 눌러 슬라이드 의 발표 페이지를 자유롭게 조정할 수 있다. 또 한, 발표 시간도 화면에 표시되어 시간 관리를 연습할 수 있으며, 타이머 기능을 활용해 정해진 시간 내에 발표를 마치는 연습도 가능하다.

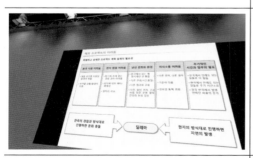

7) 연단 뒤에 있는 대형 스크린에 슬라이드가 제 대로 투사되고 있는지 확인한다.

8) 수많은 관객들 앞에서 긴장하지 말고 발표 연습 에 집중해 보자. 이들은 당신의 실수에 웃거나 야유하지 않으니 걱정하지 말자. 더듬거리거나 실수하더라도 괜찮으니 자신 있게 연습하자.

9) 아이 콘택트 기능을 활성화하여 연습을 시작해 보자. 부담 갖지 말고 시선을 청중들에게 고르게 분배하는 연습을 해보자. 한 지점을 계속 응시하지도 말고, 여기저기 두리번거리지 않도록 주의하며, 자신만의 자연스러운 시선 배분 방식을 익혀보자.

10) 애플리케이션에서는 아이 콘택트 연습 기능도 제공한다. 파란 박스 가이드를 활용하여 시선을 분배하는 연습을 할 수 있다. 이 박스는 자동으로 적절한 시간 간격으로 이동하며, 시선 배분에 최적화된 위치를 안내한다. 파란 박스를 따라 시선을 옮기며 자연스러운 아이 콘택트를 연습해 보자.

11) 이어지는 소규모 회의실에서는 적은 인원으로 구성된 인터뷰나 미팅 상황을 가정하여 시선을 골고루 배분하는 연습을 할 수 있다. 파란 박스를 따라 시선을 이동시키며, 자연스럽게 아이 콘택트를 유지하는 방법을 익혀 보자.

12) 다양한 분위기와 환경을 선택하여 연습할 수 있다. 이번에는 대학 강의실을 선택해 보자. 강의실의 특유의 분위기 속에서 발표를 연습하면 실제 강연 상황에 익숙해질 수 있다.

13) 강의를 수강하는 학생 수의 규모도 사용자가 직접 선택할 수 있다. 소규모 강의부터 대규모 강의까지 다양한 청중 크기를 설정하여 상황에 맞는 연습이 가능하다.

14) 실제 강의장에서 강의를 하는 상황을 가정하여 발표 연습을 해 보자. 학생들의 시선과 반응을 상상하며 목소리 톤, 속도, 아이 콘택트를 조절하는 연습을 해 보자.

15) 인원이 적은 소규모 회의장에서 발표할 경우도 있다. 이러한 환경을 선택해 발표 연습을 진행하며, 소규모 청중과의 자연스러운 아이 콘택트와 발표 연습을 해보자.

16) 기자 회견장 환경을 선택한 후, 실제 기자 회견 상황을 가정하여 발표 연습을 시작해 보자. 수많은 기자의 질문과 카메라 플래시가 터지는 긴장감 속에서 침착하게 발표 내용을 전달하고 예상 질문에 대비해 자신 있게 답변하는 연습을 해 보자.

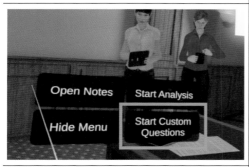

17) 사전에 VirtualSpeech 홈페이지에 업로드해 둔 예상 질문 리스트를 활용하여 연습할 수 있다. 업로드된 질문 리스트를 띄워 각 질문에 대해 답변하는 연습을 하며, 다양한 상황에서의 대응 능력을 키울 수 있다.

18) 일반적인 발표에서는 기자회견과 같은 상황에 처할 가능성이 적지만, 최악의 상황을 가정한 연습은 발표 실력을 향상시키는 데 큰 도움이 된다. 예상치 못한 질문이나 압박감 속에서도 침착하게 대처하는 능력을 기르며, 다양한 상황에서도 자신감 있게 발표할 수 있는 역량을 키워 보자.

양안 시차와 인간의 시각

우리는 양쪽 눈으로 사물을 인식한다. 평균적으로 6.5cm 떨어진 왼쪽 눈과 오른쪽 눈은 각기 다른 각도에서 장면을 본다. 이로 인해 약간의 차이가 발생한다. 이를 양안 시차라고 한다. 이를 확인하려면 한쪽 눈을 감고 장면을 기억한 뒤, 반대쪽 눈을 감아 비교하면 된다.

인간은 어릴 때부터 이 차이를 활용해 입체적으로 사물을 보는 법을 학습한다. 두뇌는 두 눈의 서로 다른 시각 정보를 결합하여 3차원으로 인식한다. 이를 통해 초음파와 같은 감각이 없어도 물체와의 거리감을 파악할 수 있다.

왼쪽 눈과 오른쪽 눈의 장면 차이를 두뇌에서 합성하여 입체감을 느낀다.

이 원리는 1839년 영국 발명가 찰스 휘트스톤이 발명한 스테레오스코프에서 처음 활용되었다. 그는 양안 시차를 이용해 왼쪽과 오른쪽 눈에 약간 다른 각도의 이미지를 보여 주었다. 이를 통해 입체감을 느끼게 했다. 현대의 공간 컴퓨팅 헤드셋도 같은 원리로 작동한다. 두 눈에 다른 각도의 영상을 전달하여 가상공간에서 입체적인 경험을 제공한다.

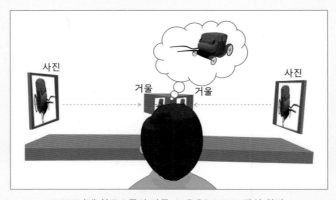

1839년에 휘트스톤이 만든 스테레오스코프 장치 원리

원거리를 볼 수 있게 하는 볼록 렌즈

공간 컴퓨팅 헤드셋의 두께는 평균 10cm 정도다. 그런데 어떻게 1m 또는 10m 떨어진 것처럼 3D 콘텐츠를 보여 줄까?

헤드셋을 착용하면 디스플레이는 눈 바로 앞에 위치한다. 이 상태에서는 초점이 맞지 않아 물체를 또렷하게 볼 수 없다. 눈이 초점을 맞추려면 일정한 물리적 거리가 필요하다. 하지만 헤드셋을 작게 유지해야 하므로 디스플레이와 눈 사이의 공간을 넓히기는 어렵다.

이 문제를 해결하기 위해 헤드셋은 디스플레이와 눈 사이에 볼록 렌즈를 배치한다. 볼록 렌즈는 빛을 굴절시켜 눈이 가까운 디스플레이를 멀리 있는 것처럼 인식하도록 만든다. 이는 눈의 수정체가 멀리 있는 물체를 볼 때 얇아지고, 가까운 물체를 볼 때 두꺼워지는 원리를 응용한 것이다.

결과적으로, 볼록 렌즈 덕분에 가상공간에서도 원거리 물체를 자연스럽게 볼 수 있다.

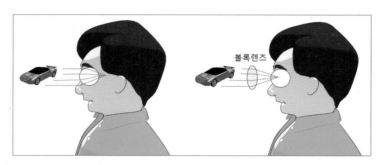

가까운 물체는 초점이 눈에 맺히지 않아 보이지 않으나 볼록렌즈가 있다면 눈 위치에 초점이 잡혀 볼 수 있다.

프레넬 렌즈와 펜케이크 렌즈

가상공간을 현실처럼 느끼게 하려면 렌즈의 역할이 중요하다. 일반적인 볼록 렌즈만으로는 한계가 있다. 눈앞에 가상의 사물을 보여 주는 것은 가능하지만, 사물을 멀리 있는 것처럼 보이게 하려면 더 정교한 렌즈가 필요하다.

볼록 렌즈는 크고 무겁다. 이를 사용하면 헤드셋도 덩달아 커지고 무거워진다. 이러한 단점은 헤드셋을 작고 가볍게 만드는 데 방해가 된다. 이 문제를 해결하기 위해 프레넬 렌즈Fresnel Lens가 사용된다. 프레넬 렌즈는 얇고 가벼운 구조로 설계되었다.

이 렌즈는 프랑스의 물리학자 오귀스탱 장 프레넬Augustin–Jean Fresnel이 발명했다.

원래 등대의 불빛을 멀리까지 전달하기 위해 개발되었다. 프레넬 렌즈는 동심원 형태의 얇은 띠 모양으로 구성되어 있다. 마치 나이테처럼 층층이 쌓인 구조다. 각 층이 빛을 서로 다르게 굴절시켜 집광 능력과 굴절 효율을 유지하면서도 얇고 가볍게 설계된다.

프레넬 렌즈는 성능을 유지하면서도 두께와 무게를 줄이는 데 기여한다. 렌즈가 얇아지면 헤드셋의 무게와 제조 비용이 함께 감소한다. 이는 경제성을 확보하는 데 유리하다. 이러한 특징 덕분에 프레넬 렌즈는 다양한 분야에서 활용된다. 빔 프로젝터, 자동차 헤드라이트, 각종 조명 장치, 태양열 집광기, 항공기 착륙 시스템 등 여러 산업에서 사용된다. 공간 컴퓨팅 헤드셋에서도 프레넬 렌즈는 핵심 요소다. 이를 통해 가상공간을 더욱 자연스럽게 경험할 수 있다.

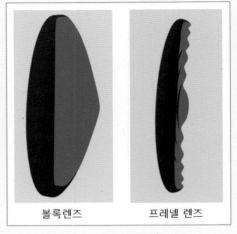

볼록렌즈   프레넬 렌즈

볼록 렌즈와 프레넬 렌즈 단면 차이

최근의 공간 컴퓨팅 헤드셋은 펜케이크 렌즈를 사용한다. 이 렌즈는 접힘 배열 방식Folded Array을 적용한 렌즈다. 반사 장치를 이용해 빛이 지나가는 경로를 더 길게 설계했다. 이렇게 하면 빛이 더 긴 경로를 지나면서도 렌즈의 전체적인 크기를 줄일 수 있다. 이 기술 덕분에 헤드셋의 물리적 구조가 간소화된다. 결과적으로 헤드셋의 크기와 무게가 모두 줄어든다. 크기가 작아지고 무게가 가벼워지면 착용감이 개선된다. 따라서 사용자는 장시간 헤드셋을 착용해도 더 편안함을 느낀다.

일반적 광학 경로   펜케이크 렌즈 광학 경로 (예)

펜케이크 렌즈의 광학 경로 예

프레넬 렌즈와 펜케이크 렌즈는 공간 컴퓨팅 헤드셋의 소형화와 경량화에 중요한 역할을 한다. 프레넬 렌즈는 얇고 가벼운 설계를 가능하게 한다. 이는 여러 개의 얇은 링으로 구성된 단면이 빛을 굴절시키는 방식을 활용하기 때문이다. 반면, 펜케이크 렌즈는 두 개 이상의 렌즈를 조합하여 빛을 반사시키고 경로를 압축하는 방식으로 성능을 유지하면서도 복잡한 광학 구조를 단순화한다.

이 광학 기술은 단순히 헤드셋의 크기를 줄이는 데 그치지 않는다. 시각적 왜곡을 줄이고 사용 중 발생하는 눈의 피로를 완화한다. 이를 통해 사용자들은 더 오랜 시간 헤드셋을 착용할 수 있다. 이러한 개선은 가상공간의 몰입감을 높이는 결과로 이어진다. 동시에 공간 컴퓨팅에 대한 접근성을 높여 더 많은 사람이 기술을 접할 수 있게 한다.

이와 같은 렌즈 기술의 발전은 공간 컴퓨팅 헤드셋의 미래를 선도하는 핵심 요소라고 할 수 있다.

5장

삶의 균형을 향해:
개인의 즐거움과 타인과의 공감

5.1 공간 컴퓨팅에서 취미 생활 즐기기

https://www.youtube.com/watch?v=fIKPexQJycw&t=10s
QR코드를 스캔하면 내용을 쉽게 이해할 수 있도록 제작된 유튜브 동영상을 시청하실 수 있습니다.

01 게임처럼 명상하기

공간 컴퓨팅과 명상의 연결

공간 컴퓨팅을 이야기하다가 명상을 언급하는 것이 의아할 수도 있다. 하지만 공간 컴퓨팅과 명상은 공통점이 있다. 공간 컴퓨팅은 몰입을 핵심으로 하며, 명상 역시 몰입을 통해 내면에 집중하는 활동이다. 이러한 특성 덕분에 공간 컴퓨팅 기술은 명상의 몰입도를 높인다. 이를 통해 더 효과적인 경험을 제공할 수 있다.

이 책을 처음 기획한 시기는 코로나19로 인해 전 세계가 불안과 우울감에 빠졌던 시기였다. 이른바 '코로나 블루'라는 현상이 퍼졌고, 많은 사람이 사회적 고립과 불확실성 속에서 정신적 어려움을 겪었다. 현재는 일상이 회복되었지만, 그때에 느꼈던 많은 사람의 경험은 마음 건강의 중요성을 새롭게 인식하게 만들었다.

오늘날 마음 건강 관련 시장은 빠르게 성장하고 있다. 2023년 기준, 글로벌 웰니스 시장은 6.3조 달러에 이르렀다.[14] 명상을 돕는 앱이나 웨어러블 기기를 개발하는 스타트업도 주목받고 있다. 이제 명상은 단순한 스트레스 해소 수단을 넘어 삶의 질을 높이는 방법으로 자리 잡았다.

---

14) Global Wellness Institute. 2024 Global Wellness Economy Monitor. 2024. Accessed February 11, 2025. (https://globalwellnessinstitute.org)

가상공간에서의 명상

현대 사회에서 스트레스와 불안은 피할 수 없는 요소가 되었다. 걱정이 꼬리를 물고 반복되면 마음은 지치고 피폐해진다. 특히 외부 자극에 즉각 반응하는 습관은 감정 조절을 어렵게 만든다. 명상은 이러한 자극과 반응 사이의 여유 공간을 넓혀 감정을 조절할 수 있도록 돕는다.

전통적인 명상 방식도 효과적이지만, 공간 컴퓨팅 기술을 활용하면 명상을 더욱 쉽고 흥미롭게 접근할 수 있다. 가상공간은 시각적 몰입감을 제공하여 집중력을 높인다. 명상이 익숙하지 않은 사람도 부담 없이 시작할 수 있게 한다.

이 책은 명상 그 자체를 탐구하는 것이 아니다. 우리는 스님이 되거나 깨달음을 얻으려는 것이 아니다. 공간 컴퓨팅이 제공하는 기술을 활용하여 누구나 쉽게 명상을 하는 방법을 모색하는 것이다. 명상은 어렵거나 특별한 것이 아니다. 가볍게, 마치 게임을 즐기듯 접근하면 된다. 현실에서 명상이 어렵다면 가상공간에서 한 번 도전해 보는 것은 어떨까?

게임처럼 명상하기

저자는 MALOKA라는 회사에서 개발한 동명의 명상 애플리케이션을 사용했다. MALOKA라는 이름이 게임처럼 느껴지지 않는가? 실제로 이 앱은 게임적인 요소를 활용해 명상을 재미있게 체험할 수 있도록 설계되었다. 사용자가 명상을 자연스럽게 즐길 수 있도록 다양한 기능을 포함하고 있다.

가상공간에서는 눈을 감고 명상할 수도 있다. 또는 눈을 뜨고 화면에 나타나는 시각 효과에 집중할 수도 있다. 예를 들어, 공간 컴퓨팅 헤드셋을 착용하면 어둡고 광활한 세계가 펼쳐진다. 그 한가운데 만화경 같은 영상을 띄워 명상에 몰입하도록 유도하기도 한다. 그러나 이런 시각적 요소는 사람마다 다른 결과를 가져올 수 있다.

어떤 사람은 "나는 불빛을 보면 잡념이 더 많아지는데?"라고 느낄 수 있다. 반대로 "영상 덕분에 집중이 잘된다"라는 사람도 있을 것이다. 눈을 감으면 오히려 머릿속에 더 많은 상념이 떠오르는 경우도 있다. 따라서 정답은 없다.

중요한 점은, 이 모든 과정을 게임처럼 즐길 수 있도록 공간 컴퓨팅의 가상공간이 제공해 준다는 것이다. 헤드셋을 착용하고 내 머릿속에서 어떤 생각이 일어나는지를 살핀다. 생각이 나타났다 사라지는 과정을 가만히 관찰한다.

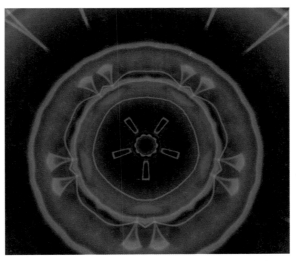
명상할 때 눈앞의 광활한 공간에 나타나는 몽환적 이미지

공간 컴퓨팅의 가상공간에서 하는 명상은 명상을 처음 접하는 사람에게 특히 유용하다. 단계별 안내, 음성 가이드, 비주얼 자료 등 초심자를 위한 다양한 도움 자료가 제공된다. 이를 통해 혼자서도 부담 없이 명상을 시도할 수 있다. 익숙하지 않아도 편안하게 시작할 수 있도록 심리적 장벽을 낮추는 데도 효과적이다.

명상 애플리케이션은 사용하기 쉽다. 예쁜 비주얼과 게임 같은 메뉴가 돋보인다. 예를 들어, MALOKA에서는 애플리케이션 안에 귀여운 아바타 인형이 등장한다. 이 아바타는 명상을 완료할 때마다 성장한다. 아바타가 점점 커지는 시각적 변화는 명상을 꾸준히 이어가도록 동기를 부여한다.

음악과 자연의 소리 같은 음향 기능도 있다. 이를 통해 사용자가 차분하게 집중하기 쉽다. 앱 내에는 명상 기록도 저장된다. 게임에서 레벨을 올리는 것처럼 명상을 얼마나 꾸준히 했는지 눈으로 확인할 수 있다. 명상 레벨이 조금씩 쌓이는 것을 보며 '오늘도 5분만 더 해 볼까?' 하는 마음이 생긴다.

물론 가상공간 명상에도 단점이 있다. 공간 컴퓨팅 헤드셋은 무게가 있어 자세를 편안하게 유지하기 어렵다. 시각적 영상이 계속 떠오르기 때문에 눈을 뜬 상태로 명상을 진행해야 한다. 이 점이 오히려 집중을 방해한다고 느낄 수 있다.

가상공간에서 명상을 체험하며 생각이 끊임없이 흐른다는 사실을 깨닫는 것만으로도 큰 성과다. 나아가 떠오르는 생각을 정리하고 통제할 수 있다면 명상의 효과를 온전히 누릴 수 있다.

 실습하기 - 가상공간에서 명상하기: 말로카(MALOKA)

	말로카(MALOKA)	
	가상현실 명상 및 마음챙김	
	작동 기기: - Meta Quest - iOS or Android	
회사명: Reimagine Learning QOZB	**홈페이지:** https://www.playmaloka.com/	[QR코드]
유료/무료 여부: 무료	**주요 기능:** - 몰입형 명상: VR로 현실감 있는 가상 명상 환경 제공 - 개인화 가이드: 사용자의 명상 패턴에 맞춘 개인 가이드 지원 - 다양한 명상 스타일: 정적 명상, 소리 목욕, 움직임 명상 등 제공 - 전문가 프로그램: 세계적 명상 전문가들의 지도 제공	

■ **가상공간에서 명상하기**

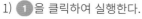	
1) **1**을 클릭하여 실행한다.	2) 다양한 명상 세션 중 하나를 선택하여 시작할 수 있다.

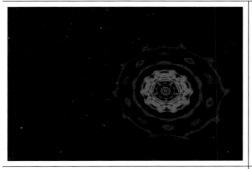

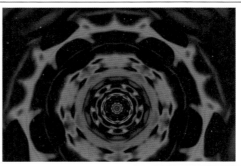

3) 명상이 시작되면 텅 빈 공간이 펼쳐진다. 이내 저 멀리에서 만화경 같은 형상이 나타나며, 빛이 서서히 퍼져 나간다.

4) 만화경 같은 빛은 명상 세션이 진행됨에 따라 점점 커지며, 빛의 깜박임도 변화한다.

5) 가이드 음성과 빛의 깜박임에 맞춰 천천히 숨을 들이쉬고 내쉬어 보자.

6) 명상을 통해 얻은 포인트로 명상의 섬을 자유롭게 꾸밀 수 있다.

02 좁은 공간에서 운동하기

공간 컴퓨팅은 현실 세계의 운동을 가상으로 체험하게 한다. 이 기술은 패러글라이딩이나 요트 조종처럼 위험하거나 전문적인 기술을 요구하는 종목도 가능하게 한다. 또한, 탁구처럼 간단한 유산소 운동도 포함된다.

탁구하기

탁구는 유럽의 상류층이 식사 후 실내에서 가볍게 즐기던 오락거리에서 시작되었다. 라켓과 공만 있으면 장소에 구애받지 않고 즐길 수 있다. 그래서 어린아이부터 노인까지 폭넓은 연령대가 쉽게 접근할 수 있다.

그러나 현실에서 탁구를 즐기려면 넉넉한 공간이 필요하다. 최소한 가로와 세로가 각각 7미터 정도가 되어야 한다. 천장도 충분히 높아야 한다. 또한, 탁구대, 네트, 조명 등 시설이 제대로 갖춰진 전용 공간이 있어야 한다. 그래서 우리는 보통 이런 시설을 갖춰진 탁구장을 찾는다.

하지만 공간 컴퓨팅 헤드셋이 있다면 이야기가 달라진다. 내 방안에서 가상공간을 통해 실제와 같은 탁구를 체험할 수 있다. 예를 들어, For Fun Labs에서 개발한 '일레븐 탁구Eleven Table Tennis'라는 애플리케이션이 있다. 이 앱을 실행하면 다양한 가상공간 중 하나를 선택할 수 있다. 여유로운 별장 분위기에서 게임을 즐길 수도 있다. 또는 실제 경기장 같은 분위기를 고를 수도 있다.

경기장 모드를 선택하면 관중석과 대형 조명 시설이 눈앞에 펼쳐진다. 점수는 자동으로 전광판에 기록된다. 마치 실제 경기를 하는 듯한 몰입감을 제공한다.

가상현실에서 탁구를 하는 모습 (사용 애플리케이션: Eleven Table Tennis)

플레이 방식은 간단하다. 한 손에 핸드 컨트롤러를 쥐면 그것이 탁구채가 된다. 컨트롤러는 무게와 크기가 실제 탁구채와 비슷하다. 손에 쥐었을 때 실제 라켓을 사용하는 듯한 감각이 느껴진다. 더 현실감 있는 느낌을 원하면 컨트롤러에 장착할 수 있는 별도의 탁구채 액세서리를 구매하면 된다.

핸드 컨트롤러 부착형 탁구채 (출처: G마켓)

현실에서 탁구를 칠 때 바닥에 떨어진 공을 주우러 다니는 시간이 많다. 이런 상황은 집중력을 깨뜨리고 흐름을 끊는다. 바닥의 공을 찾으러 다니는 일은 귀찮고 번거롭다. 하지만 공간 컴퓨팅 가상공간에서는 그런 번거로움이 없다. 공을 떨어뜨려도 걱정할 필요가 없다. 핸드 컨트롤러의 버튼을 누르면 손 안에 새 공이 '짠' 하고 나타난다.

이로 인해 공을 줍는 번거로운 동작에서 벗어나 기술 연습에만 집중할 수 있다. 드라이브나 스핀처럼 어렵게 느껴지는 기술도 가상공간에서 그대로 구현된다. 심판과 점수판도 자동으로 작동한다. 이로 인해 실제 경기장에서 프로 선수로 뛰는 기분을 느낄 수 있다.

또한, 공간 컴퓨팅 헤드셋을 착용한 다른 사람들과 경기를 즐길 수도 있다. 친구를 애플리케이션에 초대하면 친구의 아바타와 함께 경기를 할 수 있다.

단점은 헤드셋을 착용하고 경기를 해야 한다는 점이다. 이로 인해 시야각이 실제 현실 시야보다 좁아진다. 공을 보려면 머리를 실제 상황보다 더 많이 움직여야 한다. 격렬한 동작을 하는 탁구의 특성상 헤드셋은 무선이어야 한다. 따라서 배터리를 가득 충전한 상태에서 경기를 진행해야 한다. 운동 강도가 높아지면 헤드셋 내부에 습기가 생기거나 땀이 차는 불편도 발생한다.

그렇다면 힘이 들어 잠깐 쉬고 싶다면 어떻게 해야 할까? 헤드셋만 벗으면 된다. 그러면 내 방 바닥에 바로 누울 수 있다. 이것이 가상공간에서 하는 운동의 최대 장점이다.

실습하기 - 가상공간에서 탁구치기: 일레븐 탁구(Eleven Table Tennis)

	일레븐 탁구(Eleven Table Tennis)
	가상현실 탁구
	작동 기기: - Meta Quest - STEAM VR (HTC Vive, Windows MR, Oculus Rift) - PICO

회사명: For Fun Lab	**홈페이지:** https://elevenvr.com/en/	[QR코드]

유료/무료 여부: 무료	**주요 기능:** - 싱글 및 멀티플레이 모드 - 연습 및 미니게임 모드 - 실제 탁구의 물리 엔진 기반 게임	

■ 가상공간에서 탁구치기

1) ① 을 클릭하여 실행한다.	2) 사용자 이름을 입력한다.
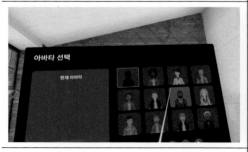	
3) 경기에 참여할 자신의 아바타를 선택한다.	4) 라켓을 잡을 그립 스타일과 유형을 선택한다.

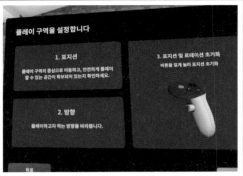

5) 경기할 플레이 구역을 설정한다. 경기를 할 포지션과 방향을 결정한다.

6) 혼자 연습할 것인지, 온라인에서 친구 또는 다른 사람들과 연결하여 대전을 할지, 혹은 연습 모드를 선택할지 결정한다.

7) 경기를 시작한다.

8) 서로 서브를 주고받으면서 경기를 진행한다.

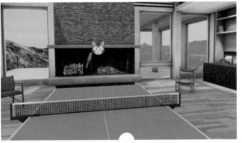

9) 실제 탁구 경기장의 환경에서 경기를 할 수 있다.

10) 여러 다양한 환경에서 경기를 즐겨 보자.

5.2 공간 컴퓨팅에서 함께 보기

01 함께 보고 즐기는 즐거움

함께 보는 즐거움

가족, 친구, 혹은 연인과 영화관에서 영화를 본 적이 있는가? 혹은 콘서트나 거리 응원을 경험한 적이 있는가? 이런 경험들은 오랫동안 익숙한 문화였다. 그러나 2020년 코로나 팬데믹은 많은 사람을 갈라놓았고, OTT 플랫폼과 온라인 공연, 비대면 응원이 일상이 되었다.

코로나 팬데믹 이후, 함께 보는 문화는 새로운 방식으로 자리 잡았다. 예전처럼 오프라인 모임이 다시 가능해졌다. 하지만 온라인에서 실시간으로 같은 콘텐츠를 즐기는 형태로도 확산되었다. 넷플릭스 파티처럼 친구와 함께 영화를 보며 채팅하는 문화도 등장했다. 게임과 e스포츠도 온라인 동시 시청이 보편화되었다. 예를 들어, 대한민국 축구대표팀 경기는 거리 응원 대신 220만 명이 온라인 중계를 통해 응원했다.[15] LCK 서머 결승전에는 전 세계에서 350만 명이 접속해 경기를 지켜봤다.[16]

하지만 온라인이 오프라인의 현장감과 감동을 완전히 대체할 수는 없다. 직접 모여 느끼는 열기와 즉각적인 상호 작용은 여전히 소중하다. 그렇기에 사람들은 온라인의 편리함과 오프라인의 생생함을 결합하는 새로운 방식을 찾고 있다.

그 해답 중 하나가 공간 컴퓨팅이다. 공간 컴퓨팅 헤드셋만 있으면 가상공간에서

---

15) 김연서. (2022, 12월 6일). 韓 월드컵 16강 중계 시청자 수 700만명 기록. 이코노미스트. (https://economist.co.kr)
16) 선재관. (2024, 10월 9일). 2024 LCK 서머, 평균 분당 시청자수 역대 최고 기록 달성. 이코노믹데일리. (https://economidaily.com)

함께 만날 수 있다. 온·오프라인의 장점만을 살린 '함께 보기'를 실현할 수 있다. '빅스크린Big Screen'이라는 애플리케이션이 이 과정에서 큰 도움을 준다.

빅스크린은 다수의 사람이 영화, TV 프로그램, 음악 등 다양한 콘텐츠를 큰 화면으로 공유하며 감상할 수 있는 애플리케이션이다. 거대한 영화관과 같은 환경부터 작은 개인 거실 영화관까지 다양한 시청 환경을 제공한다. 빅스크린에서는 손쉽게 친구를 초대할 수 있다. 친구들은 자신의 공간에 아바타로 참여해 함께 떠들고 즐기며 영화를 감상한다. 서로 아바타로 변신한 채 얼굴을 보며 영화를 즐길 수 있어 더욱 생동감 있다. 이러한 기능 덕분에 혼자 있던 내 방은 순식간에 친구들과 웃고 떠드는 '함께 보는 공간'으로 바뀐다.

3D 아이템을 활용한 상호 작용도 가능하다. 팝콘을 집어먹거나 가상 음료수를 마시는 동작을 흉내 내면 분위기가 더욱 실감 난다. 또한, 가상공간에서 셀카를 찍거나 종이 비행기를 날리는 등 다양한 상호 작용이 가능하다.

가상의 영화관 로비에 모여있는 관객들

가상공간 '함께 보기'의 미래

공간 컴퓨팅은 '함께 보기'의 경험을 새롭게 변화시키고 있다. 오프라인 공연장과 영화관은 좌석 수에 제한이 있지만, 온라인 플랫폼은 이론상 무제한의 인원을 수용할 수 있다. 공간 컴퓨팅 헤드셋을 사용하면 지역과 시간에 구애받지 않는다. 전 세계 사람들과 동시에 콘텐츠를 즐길 수 있다.

코로나 팬데믹 이후, 온라인에서 함께 즐기는 방식은 이제 새로운 문화로 자리 잡았다. 오프라인 현장의 생생함과 온라인의 편리함이 결합되며, 두 방식은 경쟁이 아닌 공존으로 나아가고 있다.

현재 공간 컴퓨팅 헤드셋은 지속적으로 발전 중이다. 미래에는 가상 영화관에서 바람, 향기, 온도를 느낄 수 있는 장치가 도입될 수도 있다. 기술이 발전할수록 오프라인과 온라인의 경계는 더욱 흐려질 것이다.

오프라인이 주는 현장감은 여전히 특별하다. 그러나 가상공간은 이를 보완하며 새로운 차원의 '함께 보기'를 제공한다. 이제 사람들은 한 공간에 실제로 모이지 않아도 함께 있는 듯한 경험을 할 수가 있다. 이 변화는 되돌릴 수 없는 흐름이며, 우리는 이미 그 미래를 경험하고 있다.

 실습하기 - 가상공간에서 함께 보기: 빅스크린(BIG SCREEN)

bigscreen	빅스크린(BIG SCREEN)	
	가상현실 미디어 공유 플랫폼	
	작동 기기: - Meta Quest - STEAM VR (HTC Vive, Windows MR, Oculus Rift, Valve Index)	
회사명: BIG SCREEN	**홈페이지:** https://www.bigscreenvr.com/software	[QR코드]
유료/무료 여부: 무료	**주요 기능:** - VR 영화 감상: YouTube, Disney+, 3D 영화 등 스트리밍 및 대여 지원 - 협업 기능: 가상 회의실에서 서로 대화 및 회의 - 다양한 활동 지원: 원격 데스크톱 사용, 화면 공유, 로컬 비디오 동기화 시청 - 맞춤형 환경: 영화관, 우주 정거장 등 몰입형 가상 환경 제공 - PC화면을 빅스크린으로 전송 ※ PC Desktop에 Agent 별도 설치 필요	

■ 메뉴 구성 및 기본 기능 알아보기

①	영화나 미디어 콘텐츠 감상하기
②	PC의 모니터 화면을 빅스크린의 화면으로 스트리밍하기
③	팝콘이나 콜라와 같은 3D 콘텐츠를 참여자와 함께 즐기기
④	대형 영화관에서 캠핑장, 집안의 거실까지 다양한 관람 환경을 바꾸기
⑤	내 방안에서 상영하는 영화를 다른 사람들에게 방영하기
⑥	유튜브, 디즈니+, 트위치 등 다양한 컨텐츠 관람하기
⑦	내 방에 다른 사람들을 초대하기

■ 가상공간에서 함께 보기

1) 빅스크린 홈페이지에 가서 먼저 'Big screen Agent'를 PC에 다운로드하여 설치한다.	2) PC에 설치한 Agent를 실행하여 ID와 패스워드를 입력하고 헤드셋과 연동한다.

3) 헤드셋에서 ①을 클릭하여 실행한다.

4) 빅스크린과 연결을 시작한다.

5) 빅스크린의 거실로 들어오게 된다. 메뉴에서 'Remote Desktop'을 누르면 PC의 화면을 스트리밍을 시작한다.

6) 가상공간의 거실에 있는 대형 스크린에 PC 화면이 그대로 스트리밍된다.

7) 'Environment'를 눌러 대형 극장, 현대적 스타일의 극장, 드라이브인 극장, 홈씨어터, 캠핑장에 설치된 스크린 등 다양한 환경을 바꿔 볼 수 있다.

8) 대형 스크린을 갖춘 극장에서 대형 스크린에서 스트리밍된 화면을 볼 수 있다.

9) 또는 자그마한 크기의 소형 극장에서 PC의 스트리밍된 화면을 볼 수 있다.

10) Social 메뉴의 'Lobby'로 들어가면 빅스크린에 들어온 다양한 많은 사람과 함께 같이 영화를 함께 즐길 수 있다.

| 11) 대형 극장의 로비로 들어가게 된다. | 12) 극장의 로비에 모여 있는 사용자들과 대화를 나눌 수 있다. 사용자들은 아바타 형태로 들어오며 음성과 제스처로 대화를 나눌 수 있다. |

| 13) 텔레포팅 기능을 이용하여 상영관으로 이동한다. | 14) 영화 티켓을 제출하고 상영관 안으로 들어갈 수 있다. |

15) 극장 안에서 여러 사람과 영화를 함께 보며 즐길 수 있다. 가상의 음료수와 가상의 팝콘을 먹는 제스처를 하며 영화를 보는 여러 사람과 함께 즐길 수 있다.

취미 생활의 장애물을 없애는 공간 컴퓨팅

앞서 살펴본 명상, 탁구, 함께 보기 외에도 낚시나 골프 같은 야외 스포츠도 가상공간에서 얼마든지 즐길 수 있다. 도자기 만들기, 요리 배우기, 댄스 배우기 같은 실내 취미도 포함된다. 패러글라이딩이나 암벽 등반 같은 모험 스포츠까지 가능하다.

저자들은 평소 명상이나 탁구를 즐기지 않았다. 새로운 취미를 시작하는 데는 의외로 진입 장벽이 있다. 명상을 하려면 아침 일찍 일어나야 하고, 탁구를 치려면 별도의 공간과 장비가 필요하다. 현실에서는 비용, 시간, 안전 등의 문제도 따른다. 사소해 보이지만 이러한 장벽들은 규칙적인 습관 형성을 어렵게 만든다. 공간 컴퓨팅은 이러한 진입 장벽을 제거하여 더 쉽게 새로운 활동을 시작할 수 있도록 돕는다.

이러한 가상공간에서 해보는 체험은 안전하고 비용 부담이 적다. 날씨나 환경의 제약도 받지 않는다. 방 한구석이나 소파에 앉아서도 체험이 가능하다. 가상공간에서 취미를 경험한 뒤, 그것이 자신에게 맞는다면 다음 단계로 나아갈 수 있다. 실제 장비를 구매하거나 야외에서 직접 배워 보는 용기를 얻을 수 있다. 가상공간은 우리에게 취미에 있어서도 다양한 가능성을 열어 준다. 단지 한 번 체험해 보는 것만으로도 새로운 취미 세계가 시작될 수 있다.

모든 큰 일은 작은 시작에서 출발한다. 문제는 그 작은 시작조차 어려웠다는 점이다. 이제 공간 컴퓨팅은 그 작은 시작을 쉽게 시작할 수 있도록 도와준다.

★ Tip - 내 눈과 맞닿는 디스플레이

공간 컴퓨팅 헤드셋의 디스플레이 기술

공간 컴퓨팅 헤드셋을 착용하면 눈이 가장 직접적인 영향을 받는다. 헤드셋 내부의 디스플레이 장치는 눈과 몇 센티미터 떨어진 거리에서 작동한다. 이 디스플레이는 가상 공간의 몰입감을 결정짓는 핵심 요소다. 아무리 정교하게 설계된 가상 환경이라도 디스플레이 성능이 부족하면 몰입감이 크게 떨어진다. 화면이 깔끔하지 않거나, 움직이는 사물이 잔상을 남기는 경우도 있다. 이럴 때 동작이 겹쳐 보이거나 뭉개져 보인다. 사용자는 이런 문제로 몰입감을 느끼기 어렵다. 오히려 금세 피로감을 느낄 수 있다.

디스플레이 기술은 오랫동안 TV 중심으로 빠르게 발전했다. 해상도는 꾸준히 높아지고 있다. 색상은 실제와 구분하기 어려운 수준에 이르렀다. TV의 크기도 점점 커졌다. 이제는 일반 가정에서 사용할 수 있는 최대 크기에 도달했다.

공간 컴퓨팅 헤드셋의 디스플레이도 비슷한 발전 형태를 보인다. 하지만 요구되는 기술적 조건은 다르다. 예를 들어, 75인치 TV의 대각선 길이는 약 189cm다. 반면 헤드셋 내부 디스플레이는 고작 14cm 정도다. 손바닥만 한 크기다. 크기가 작아서 개발이 쉬워 보일 수 있다. 그러나 헤드셋 디스플레이 개발은 오히려 난이도가 더 높다.

공간 컴퓨팅 헤드셋 디스플레이 개발의 어려움

가정용 TV는 전원 케이블을 통해 안정적으로 전력을 공급받는다. 하지만 공간 컴퓨팅 헤드셋은 착용자의 이동성과 편의성을 위해 배터리를 사용한다. 배터리 기술은 점점 발전하고 있다. 크기는 작아지고 전력 공급 시간은 길어지고 있다. 하지만 배터리 용량과 충전 속도는 여전히 기술적인 제약이 있다.

헤드셋의 디스플레이 장치는 이 제한된 전력으로 작동해야 한다. 유선 전원을 연결하면 착용성이 떨어진다. 그래서 실용성을 잃게 된다. 디스플레이는 최소한의 전력으로 최대한 오래 작동해야 한다. 고화질 디스플레이를 장착하더라도 배터리 수명이 몇 분밖에 되지 않는다면 헤드셋의 가치는 반감될 것이다.

디스플레이 개발에는 또 다른 도전 과제가 있다. 그것은 사용자와 디스플레이 간의 거리다. TV는 보통 2~3미터 떨어진 거리에서 시청한다. 이 정도 거리에서는 개별 화소픽셀를 눈으로 구분할 수 없다. 그러나 공간 컴퓨팅 헤드셋은 눈에서 평균 5cm 거리에서 사용된다. 이처럼 가까운 거리에서는 고밀도 화소로 설계해도 한계가 있다. 화소와 화소 사이의 간격을 눈으로 느낄 수 있다.

과거의 헤드셋에서는 모기장 현상이 자주 발생했다. 이는 화소 사이 간격이 모기장처럼 보이는 현상이다. 이로 인해 몰입감이 크게 저하되었다. 이 문제를 해결하려면 TV보다 훨씬 높은 밀도로 화소를 집적해야 한다. 디스플레이 화소가 눈에 보이지 않을 정도로 조밀해야 한다. 그래야 화면의 사물이 자연스럽게 보인다.

화면 전환 속도는 중요한 문제이다. 헤드셋 디스플레이는 눈과 가까이 위치한다. 전환 속도가 느리면 이전 장면과 새로운 장면이 겹쳐 보이는 현상이 발생한다. 이 현상은 사용자의 눈에 피로를 가중시킨다. 또한, 몰입감을 크게 떨어뜨린다.

화면 전환은 눈이 인지하지 못할 정도로 빠르게 이루어져야 한다. 이를 해결하기 위해 디스플레이 장치는 꾸준히 발전해 왔다. 초기에는 LCD를 사용했다. 이후 마이크로 LED와 마이크로 OLED로 진화하고 있다.

LCD(Liquid Crystal Display) 디스플레이

LCD는 Liquid Crystal Display의 약자다. 말 그대로 액정을 사용하는 디스플레이 장치다. LCD는 오랜 시간 동안 우리에게 친숙한 장치다. 계산기나 시계처럼 간단한 디스플레이 장치에 널리 사용되었다. 이 기술은 액정층을 전기로 정렬시키는 편광판을 통해 작동한다. 편광판을 통과하는 빛의 양을 조절해 필요한 정보를 표시한다.

계산기에 사용되는 LCD 디스플레이

LCD는 스스로 빛을 낼 수 없다. 빛이 통과하는 양을 제어하기 위해 액정을 정렬할 뿐이다. 따라서 LCD 뒤에는 백라이트Back light가 필요하다. 백라이트는 빛을 내는 LED 패널로 구성되어 있다. 이 패널은 LED 소자를 사용해 빛을 발산한다. LED는 Light-Emitting Diode의 약자이다. LED는 전기를 받으면 빛을 낸다.

LED 발광 소자의 모습

LED가 백라이트로 부착된 모니터를 종종 LCD 모니터라고 부르는 경우가 있다. 하지만 정확히 말하면 LED/LCD 방식의 모니터다. LED로 된 백라이트에서 나온 빛을 LCD의 액정이 조절하여 디스플레이를 보여 주는 방식이기 때문이다.

많은 공간 컴퓨팅 헤드셋이 이 방식의 디스플레이를 사용한다. 백라이트의 빛이 액정을 통과해야 한다. 이 과정에서 입력 신호와 보이는 이미지 사이에 미묘한 시간 차가 발생한다.

백라이트 패널은 항상 뒤에서 빛을 보내야 한다. 따라서 완전한 어둠의 검은색을 표현할 수 없다. 검은색을 보여 주더라도 뒤에서 빛이 미세하게 새어 나오기 때문이다. 또한, 보는 각도에 따라 미세한 색 왜곡이 생길 수 있다.

LCD 디스플레이는 오래된 기술이어서 그만큼 안정화와 상용화가 잘 이루어졌다. 특히 경제적인 장점 덕분에 여전히 널리 선호되고 있다.

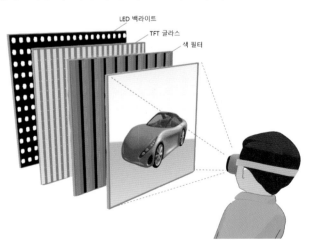
LED/LCD 방식 디스플레이

미니 LED 디스플레이

백라이트의 패널에 부착된 LED 소자의 크기를 줄였다. 이를 미니 LED 백라이트라고 한다. 훨씬 작은 LED를 사용한다. 그래서 더 촘촘하게 LED를 부착할 수 있다. 이방식은 더 밝고 정교하게 LED 빛을 제어할 수 있게 한다. 그러나 여전히 LED 백라이트를 사용하기 때문에 완전한 어둠의 검은색을 표현하지는 못한다. 백라이트가 액정층을 통과하기 때문이다. 이로 인해 LCD 디스플레이의 단점을 그대로 갖고 있다.

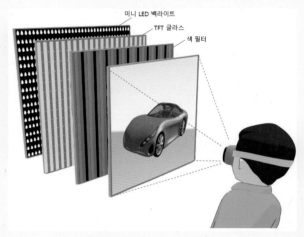

미니 LED 방식 디스플레이

OLED(Organic Light Emitting Diodes) 디스플레이

OLED 디스플레이는 LCDLiquid Crystal Display와 달리 스스로 빛을 방출한다. 화소하나하나가 빛을 내기 때문에 LED 패널로 구성된 백라이트가 필요 없다. 그래서 디스플레이가 더 얇아질 수 있다. OLED는 금속이 아닌 유기물질을 사용한다. 이 특성덕분에 곡면 형태로 만들거나 두루마기처럼 말 수 있는 디스플레이에 적용할 수 있다. 또한, 투명 디스플레이로도 활용할 수 있다.

투명한 유리에 부착된 투명 OLED 디스플레이 모습 (출처: LG 디스플레이)

LED/LCD 방식은 어둡거나 밝은 곳에서 백라이트를 사용할 수밖에 없다. 그래서 완전한 어둠의 검은색을 구현할 수 없다. 반면 OLED는 자체적으로 발광한다. 어두운 곳은 어둡게, 밝은 곳은 밝게 표현할 수 있다. 어두운 검은색에서는 빛을 발광하지 않으면 되기 때문이다.

하지만 OLED는 LED/LCD 방식보다 수명이 짧기에 더 복잡한 기술이 필요하다. 그렇지만 OLED도 상용화된 지 오래고 기술도 검증되었으며, 꾸준한 기술 개발이 이루어지고 있다. 따라서 단점들이 극복될 가능성이 크다.

현재 오큘러스 퀘스트 헤드셋과 소니의 플레이스테이션 VRPSVR에는 LED/LCD 방식이 적용되고 있다.

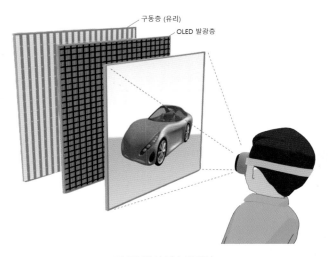

OLED 방식 디스플레이

마이크로 OLED

OLED는 유리 위에 TFT박막 트랜지스터 기판을 만든다. 그 위에 LED를 부착한다. 하지만 유리 기판 위에 LED를 부착하면 조밀하게 집적하기가 어렵다. 조밀하지 않으면 충분한 해상도를 구현하기 어렵다. TV에서는 큰 문제가 되지 않는다. 그러나 헤드셋처럼 눈에 가까운 장치에서는 해상도 차이가 느껴진다.

이를 해결하기 위해 마이크로 OLED는 실리콘 기판 위에 TFT 기판을 만든다. 그 위에 OLED 발광층을 부착한다. 이렇게 하면 초고해상도의 디스플레이를 만들 수 있다. 마이크로미터10의 -6승 단위의 화소도 구현이 가능하다. 참고로 인간 정자의 머리 크기가 약 5마이크로미터이다.

최근 출시되는 애플 비전 프로와 같은 고화질 헤드셋에 채택되어 있다.

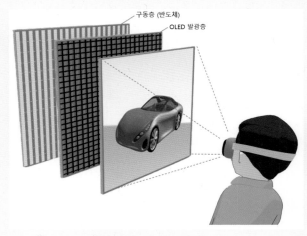

마이크로 OLED 방식 디스플레이

마이크로 LED

앞서 언급한 미니 LED의 백라이트를 더 소형화한 기술이다. 이번에는 마이크로 단위로 크기를 줄였다. LED의 백라이트는 이제 육안으로 구별이 안 될 정도로 작아졌다. 마이크로 LED는 필요한 부분만 켜거나 끌 수 있다. 이로 인해 전력 소비가 줄어든다. 무게도 함께 줄어든다.

또한, LED는 OLED와 차별화된 장점이 있다. OLED는 유기 물질을 사용하는 반면, LED는 무기 물질을 사용한다. 무기 물질은 번인 현상이 없고 수명도 더 길다.

OLED처럼 별도의 백라이트가 없어 얇다는 특징도 있다. 이런 이유로 향후 차세대 헤드셋에 채택될 예정이다.

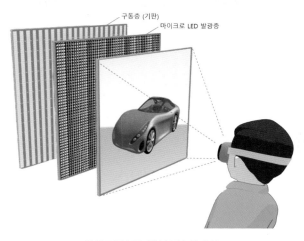

마이크로 LED 방식 디스플레이

맺음말

공간 컴퓨팅이 제공하는 성장의 기회와 경험

이 책 《AI·XR 시대 공간 컴퓨팅으로 상상하기》에서는 공간 컴퓨팅의 가능성을 탐구한다. 하지만 단순히 공간 컴퓨팅이라는 기술만을 설명하는 것이 아니다. 공간 컴퓨팅이 열어 주는 새로운 경험과 도전이 어떤 변화를 가져오는지 설명한다. 그리고 이를 통해 개인이 어떻게 성장할 수 있는지 다루고 있다.

공간 컴퓨팅은 현실 세계와 흡사한 가상공간을 제공한다. 우리는 이곳이 가상이라는 사실을 알고 있다. 하지만 그 속에서 현실 같은 착각과 몰입감을 느낀다.

예를 들어, 가상공간 안의 카페를 생각해 보자. 현실처럼 벽 쪽 구석진 자리나 벽을 등진 자리를 찾으면 편안함을 느낀다. 실제로는 존재하지 않는 공간이지만, 심리적으로 반응하는 방식은 현실과 비슷하다. 또한, 바닷가, 호수, 산 정상 같은 탁 트인 가상 풍경을 보면 기분이 상쾌해진다. 우리의 뇌는 그것이 진짜가 아니라는 사실을 알고도 마치 실제 환경을 경험하는 것처럼 감정적으로 반응한다.

현실에서 공간은 한정된 자원이자 큰 비용이 드는 요소다. 멋진 전망이 보이는 장소는 구하기 어렵고, 임대 비용도 비싸다. 하지만 공간 컴퓨팅은 이러한 물리적 제약을 줄여 준다. 이렇게 가상공간에서는 현실에서 접하기 어려운 공간을 쉽게 체험할 수 있게 한다. 이는 기존 관습을 넘어 새로운 시각과 가능성을 열어 주며, 우리의 사고와 행동을 확장시키는 경험이 된다.

공간 컴퓨팅에서 중요한 것은 기술적인 스펙이 아니다. 높은 해상도, 대용량 인프라 아키텍처, 긴 배터리 지속 시간, 초고밀도 디스플레이, 고속 렌더링 기술 등은 단지 도구에 불과하다. 공간 컴퓨팅의 진정한 의미는 새로운 환경 속에서 기존 방식과 익숙한 사고에서 벗어나게 하는 것에 있다.

공간 컴퓨팅이 만들어 내는 가상공간은 우리 삶의 장벽을 허문다. 이를 통해 개인이 성장할 기회를 얻는다. 이 점이 공간 컴퓨팅이 가지는 핵심 가치이다. 이 책이 궁극적으로 목표하는 바도 여기에 있다. 공간 컴퓨팅이 개인을 성장시키는 도구로써 보여 주는 것이다.

부디, 이 책을 읽는 독자들이 공간 컴퓨팅을 활용해 새로운 도전에 나서길 바란다. 이전에는 환경적 제약이나 진입 장벽 탓에 시도조차 어려웠던 일들이 많다. 하지만 이런 일들을 조금씩 도전해 보길 권한다. 성장은 갑자기 찾아오는 대단한 계기로 이루어지지 않는다. 평소 해 볼 수 없던 것들을 하나씩 그리고 조금씩 시도하면서 시작된다.

이 새로운 시도를 돕기 위해 공간 컴퓨팅은 훌륭한 파트너가 될 것이다. 마지막으로 공간 컴퓨팅의 가치를 상징적으로 압축해 주는 말을 떠올려 본다. 헤드셋을 쓰고 가상공간에 발을 들이는 것은 낯선 세계로의 모험이기도 하다. 이런 과감한 모험을 응원하듯, 헬렌 켈러의 명언이 문득 떠오른다.

"삶은 과감한 모험이거나 아무것도 아니다."
Life is either a daring adventure or nothing at all.

우리는 기술 발전을 통해 새로운 모험의 기회를 얻게 되었다. 이 책《AI·XR 시대 공간 컴퓨팅으로 상상하기》는 그 모험을 함께 나누고자 한다. 독자의 일상에 작은 변화와 도전을 불러오길 바란다.

현실을 넘어선 가상의 공간에서 나의 잠재력이 얼마나 더 확장될 수 있는지 체감해 보길 권한다. 그리고 이 책이 그 모험의 동반자로서 든든한 안내서가 되기를 희망한다.

저자 일동

부록

공간 컴퓨팅 애플리케이션 설치 및 실행하기

헤드셋에서 애플리케이션 설치 및 실행하는 법

여기에서는 Meta Quest 헤드셋을 기준으로 애플리케이션 설치 및 실행 방법을 설명한다. Meta Quest 헤드셋에는 다양한 공간 컴퓨팅 애플리케이션을 제공하는 스토어가 내장되어 있다. 사용자는 이 스토어를 통해 게임, 교육, 엔터테인먼트, 업무 등 다양한 분야의 앱을 탐색하고 설치할 수 있다.

■ 헤드셋을 착용하고 스토어에서 애플리케이션을 설치한다.

1) ①을 클릭하여 스토어를 실행한다.

2) 원하는 카테고리의 앱을 선택한다.

3) 또는 원하는 이름의 애플리케이션을 검색해서 찾을 수 있다.

4) 원하는 애플리케이션을 찾으면 '다운로드'를 클릭한다.

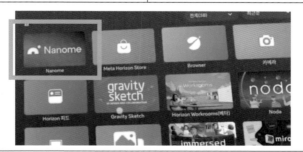

5) 다운로드가 완료되면 메뉴에 해당 애플리케이션이 표시된다. 이 메뉴를 클릭하면 실행된다.

STEAM에서 애플리케이션 설치 및 실행

공간 컴퓨팅 애플리케이션은 STEAM에서도 실행할 수 있다. STEAM은 Valve라는 회사가 개발한 게임 플랫폼이다. 다양한 운영 체제를 지원하며 3만여 개 이상의 게임을 포함한 애플리케이션을 제공한다. 가상현실 게임과 가상현실 애플리케이션도 지원하며 가상현실 게임 콘텐츠를 쉽게 설치하여 활용할 수 있다.

STEAM의 가상현실 애플리케이션은 PC에 설치한 후, 이를 공간 컴퓨팅 헤드셋과 연결하여 실행한다. 이러한 방식은 헤드셋에 가상현실 애플리케이션을 직접 설치할 필요가 없다. PC에서 실행되는 애플리케이션을 스트리밍 방식으로 헤드셋으로 전송한다.

PC에서 스트리밍 방식으로 VR 애플리케이션을 전송하기 위해 두 가지 연결 방식을 사용할 수 있다.

첫 번째는 USB-C 케이블을 이용한 유선 연결이다. 이 방식은 PC와 헤드셋을 직접 연결하여 안정적인 연결을 제공하며, 고품질의 성능을 구현할 수 있다. 다만, 유선 연결 특성상 헤드셋을 착용한 사용자의 움직임이 케이블 길이에 따라 제한될 수 있다.

두 번째는 무선 연결 방식이다. 고속 무선 공유기와 고속 와이파이 네트워크 환경이 갖춰져 있으면 유선 연결과 유사한 수준의 성능을 제공할 수 있다. 또한, 무선 연결은 케이블 제약이 없어 사용자가 자유롭게 움직일 수 있다는 장점을 가진다. 다만, 네트워크 환경의 상태에 따라 성능이 영향을 받을 수 있다.

	스팀(STEAM)
STEAM®	디지털 게임 및 소프트웨어 구매, 다운로드, 설치, 커뮤니티
	작동 기기: - Windows - MacOS - Linux

회사명: Valve	홈페이지: https://store.steampowered.com/	[QR코드]

유료/무료 여부: STEAM 플랫폼은 무료이나, 플랫폼 내 무료 및 유료 애플리케이션 구매 및 다운로드	**주요 기능:** - 다양한 게임과 소프트웨어를 디지털로 제공 및 판매 - 콘텐츠 최신 버전을 자동으로 다운로드 및 설치 - 진행 상황과 설정을 클라우드에 저장해 다른 기기에서 이어서 사용 가능 - 친구 추가, 채팅, 그룹 생성 등 소셜 기능 지원 - 사용자 제작 콘텐츠 공유 및 다운로드 가능

■ **STEAM을 설치한 후 스트리밍 환경을 설정한다.**

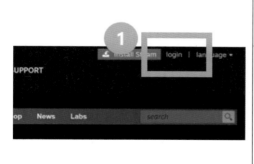

1) Steam 홈페이지의 우측 상단 ❶ 'Login'을 클릭하여 로그인을 한다.(사전에 신규 회원 가입이 필요하다.)	2) Login 화면으로 들어간다. 여기서 신규 회원 가입도 가능하다.

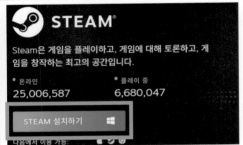

3) Login 하고 들어간 화면에서 우측 상단의 'Steam 설치'를 클릭한다.

4) 'STEAM 설치하기' 버튼을 클릭하여 설치한다.

5) Steam 홈페이지의 우측 상단 ②검색창에서 STEAMVR을 입력하고 나타나는 ③ 해당 애플리케이션을 선택한다.

6) 이후 나타나는 창에서 'Steam 설치'를 클릭하여 SteamVR을 설치한다.

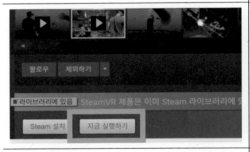

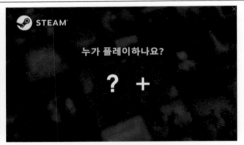

7) '지금 실행하기'를 눌러 SteamVR을 실행한다.

8) 누가 플레이하는지 사용자를 선택한다.

9) STEAM에서 가상현실 애플리케이션을 선택하여 실행한다. 그리고 헤드셋에서도 PC와의 링크를 활성화하여 연결한다.

10) PC와 헤드셋이 링크가 완료되면 헤드셋에 PC에 설치된 가상현실 애플리케이션이 헤드셋으로 스트리밍되고, 동시에 PC 화면에 정상적으로 진행되고 있음이 표시된다.

SIDE QUEST에서 어플리케이션 설치 및 실행

사이드 퀘스트는 메타 퀘스트와 같은 헤드셋 사용자들이 공식 스토어에 등록되지 않은 다양한 애플리케이션과 게임을 설치하고 관리하는 것을 돕는 플랫폼이다. 이를 통해 사용자는 공식 스토어에 없는 독립 개발자들의 앱이나 베타 버전의 소프트웨어를 체험해 볼 수 있다.

	사이드 퀘스트(SIDE QUEST)
SIDEQUEST	공식 스토어 미등록 애플리케이션 설치 및 관리
	작동 기기: - Windows - MacOS - Linux

회사명: SideQuest	홈페이지: https://sidequestvr.com	[QR코드]

유료/무료 여부: 사이드 퀘스트 플랫폼은 무료이나, 플랫폼 내 무료 및 유료 애플리케이션 구매 및 다운로드	주요 기능: - 다양한 게임과 소프트웨어를 디지털로 제공 및 판매 - 다른 사용자들과 앱 추천, 사용팁 공유 - 독립 개발자들이 배포하는 실험적이거나 초기 단계의 앱을 테스트하고 피드백 받음 - 헤드셋의 숨겨진 설정이나 기능을 조정

■ 사이드 퀘스트를 설치하여 헤드셋에 애플리케이션을 설치한다.

1) 사이드 퀘스트 홈페이지의 하단 ① 'Login'을 클릭하여 로그인을 한다.(사전에 신규 회원 가입이 필요하다.)

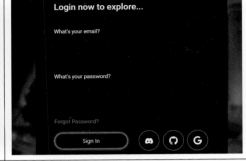

2) 이후 표시되는 로그인 화면에서 로그인을 완료한다.

3) 사이드 퀘스트 플랫폼을 다운로드하기 위해 아래 하단의 Menu 버튼을 누르고 이동한다.

4) 'Get SideQuest'를 클릭하여 다운로드 화면으로 이동한다.

5) PC 설치용 파일을 다운로드하여 사이드 퀘스트를 설치한다.

6) 설치가 완료되면 사이드 퀘스트가 열린다. 아직 퀘스트 헤드셋이 연결되지 않아 좌측 상단에 빨간색 램프와 함께 'Not detected'라고 표시된다.

■ 사이드 퀘스트를 헤드셋과 연결하기 위해서는 Meta Quest 홈페이지에서 개발자 권한을 받아야 한다.

1) 메타 퀘스트의 개발자 페이지로 가서 우측 상단 **1** 'Login'을 클릭하여 로그인을 한다.(사전에 신규 회원 가입이 필요하다.)	2) 개발자 등록을 완료하면 다음과 같은 화면이 뜬다.

■ 메타 퀘스트의 모바일 앱에서 개발자 모드를 활성화한다.

메타 퀘스트 모바일 앱은 헤드셋과 스마트폰을 연동해 헤드셋 기기 설정, 콘텐츠 탐색, 친구 관리 등을 지원한다. 개발자 모드를 활성화하면 사용자 제작 콘텐츠나 개발 중인 앱을 테스트하고, 공식 스토어에 없는 앱을 설치할 수 있다.

1) 스마트폰에서 메타 퀘스트 모바일 앱을 실행하고 헤드셋 설정을 누른다.(메타 퀘스트 모바일 앱은 헤드셋과 이미 연동되어 있어야 한다.)	2) 개발자 모드 메뉴를 클릭한다.

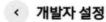

3) 개발자 모드를 켠다.

■ 사이드 퀘스트가 설치된 PC와 헤드셋을 유선 또는 무선으로 연결하면 된다.

	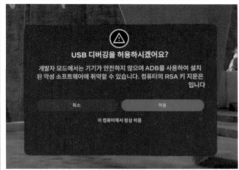
1) PC에 연결된 USB-C케이블을 헤드셋에 연결한다.	2) 헤드셋에서 USB 디버깅을 허용할지 묻는 창이 뜨면 '허용'을 선택한다.

3) 헤드셋과 연결되면 녹색 램프와 함께 연결된 장비의 명칭이 뜬다. 이렇게 되면 잘 연결된 것이다.	4) 사이드 퀘스트에서 원하는 애플리케이션을 선택한 뒤 'Sideload Now'를 클릭하면 해당 애플리케이션이 헤드셋에 설치된다.

AI·XR 시대
공간 컴퓨팅으로 상상하기
SPATIAL COMPUTING

2025년	4월 20일	1판	1쇄	인 쇄
2025년	4월 30일	1판	1쇄	발 행

지 은 이 : 강청운·박재형·박수지 공저

펴 낸 이 : 박　　　정　　　태

펴 낸 곳 : **주식회사 광문각출판미디어**

10881
파주시 파주출판문화도시 광인사길 161
광문각 B/D 3층
등　　록 : 2022. 9. 2 제2022-000102호
전　화(代): 031-955-8787
팩　　스 : 031-955-3730
E - mail : kwangmk7@hanmail.net
홈페이지 : www.kwangmoonkag.co.kr

ISBN : 979-11-93205-57-0　　03000

값 : 19,000원